何为
人类文明新形态

任初轩 ◎ 编

人民日报出版社

北京

图书在版编目（CIP）数据

何为人类文明新形态 / 任初轩编 . — 北京：人民日报出版社，2022.11
ISBN 978-7-5115-7572-2

Ⅰ.①何… Ⅱ.①任… Ⅲ.①中国特色社会主义一文集 Ⅳ.① D610-53

中国版本图书馆 CIP 数据核字（2022）第 211164 号

书　　名：	何为人类文明新形态
	HEWEI RENLEI WENMING XINXINGTAI
作　　者：	任初轩
出 版 人：	刘华新
策 划 人：	欧阳辉
责任编辑：	曹　腾　季　玮
版式设计：	九章文化
出版发行：	人民日报出版社
社　　址：	北京金台西路 2 号
邮政编码：	100733
发行热线：	（010）65369509　65369527　65369846　65363528
邮购热线：	（010）65369530　65363527
编辑热线：	（010）65369523
网　　址：	www.peopledailypress.com
经　　销：	新华书店
印　　刷：	大厂回族自治县彩虹印刷有限公司
法律顾问：	北京科宇律师事务所　010-83622312
开　　本：	710mm×1000mm　1/16
字　　数：	160 千字
印　　张：	15
版次印次：	2023 年 3 月第 1 版　2023 年 3 月第 1 次印刷
书　　号：	ISBN 978-7-5115-7572-2
定　　价：	48.00 元

代　序

　　党的二十大报告指出："中国式现代化的本质要求是：坚持中国共产党领导，坚持中国特色社会主义，实现高质量发展，发展全过程人民民主，丰富人民精神世界，实现全体人民共同富裕，促进人与自然和谐共生，推动构建人类命运共同体，创造人类文明新形态。"

　　走自己的路，是我们党的全部理论和实践立足点，更是我们党百年奋斗得出的历史结论。社会主义中国不走帝国主义、殖民主义老路，不照搬西方国家发展模式，而是结合中国实际、总结经验教训、借鉴人类文明，敢闯敢试，走出了中国特色社会主义这条光明大道。中国特色社会主义不是从天上掉下来的，是党和人民历经千辛万苦、付出巨大代价取得的根本成就，来得极其不易，必须倍加珍惜。在中国共产党领导下，中国创造出了世所罕见的经济快速发展奇迹和社会长期稳定奇迹，充分说明中国特色社会主义是一条成功之路，充分证明只有坚持和发展中国特色社会主义才能实现中华民族伟大复兴。方向决定前途，道路决定命运。我们要把中国发展进步的命运牢牢掌握在自己手中，就必须坚定不移走中国特色社会主义道路。

中国共产党带领中国人民坚持和发展中国特色社会主义，创造了中国式现代化新道路。不仅为中华民族伟大复兴开辟了光明前景，而且拓展发展中国家走向现代化的途径，给世界上那些既希望加快发展又希望保持自身独立性的国家和民族提供了全新选择，为解决人类问题贡献了中国智慧和中国方案。

中国共产党带领中国人民坚持和发展中国特色社会主义，创造了人类文明新形态。这种文明新形态，坚持以人民为中心，坚持走共同富裕道路，推动物质文明和精神文明相协调，坚持人与自然和谐共生，促进人的全面发展和社会全面进步，开创了发展新模式；坚持走和平发展道路，始终把和平共处、互利共赢作为处理国际关系的基本准则，倡导共商、共建、共享，坚持多边主义，反对零和博弈、霸权主义、单边主义，积极推动构建人类命运共同体。实践证明，中国特色社会主义最有效率又最讲公平，促进物的不断丰富又增强人民的精神力量，造福中国又惠及世界，开辟出一条文明发展新道路，为人类文明进步带来新希望。

找到一条好的道路不容易，坚定不移走好这条道路更不容易。中国特色社会主义既是我们必须不断推进的伟大事业，又是我们开创未来的根本保证。坚持和发展中国特色社会主义是一篇大文章，新时代中国共产党人的任务，就是继续把这篇大文章写下去。新征程上，必须坚持党的基本理论、基本路线、基本方略，统筹推进"五位一体"总体布局、协调推进"四个全面"战略布局，全面深化改革开放，立足新发展阶段，完整、准确、全面贯彻新发展理念，构建新发展格局，推动高质量发展，推进科技自立自强，保证人民当家作主，坚持依法治国，坚持社会主义核心价值体系，坚持在发展中保障和改善民生，坚持人与自然和谐共生，协同推进人民富裕、国家强盛、中国美丽，让中国特色社会主义不断彰显巨大优越性和强大生命力。

中华民族拥有在5000多年历史演进中形成的灿烂文明，中国共产党拥有百年奋斗实践和70多年执政兴国经验。回望过去，展望未来，把握历史发展大势，顺应时代发展潮流，我们对中国的明天更加充满自信。必须坚持以习近平新时代中国特色社会主义思想为指导，沿着自己选择的道路昂首阔步走下去，以奋斗姿态推进新时代中国特色社会主义事业，以开放心态积极学习借鉴人类文明的一切有益成果，创造新时代中国发展新辉煌，为促进人类和平与发展作出新的更大贡献。

目 录

思想平台

01 丰富了人类政治文明形态……………………………… 仲　音／002

02 成功推进和拓展了中国式现代化…………………… 仲　音／006

03 这条道路走得对、走得通，走得稳、走得好……… 仲　音／010

04 "走自己的路"，我们信心十足……………………… 仲　音／014

05 为人类对现代化道路的探索作出新贡献…………… 仲　音／018

06 中国式现代化创造了人类文明新形态…… 人民日报评论员／022

理论茶座

01 发展全过程人民民主　丰富人类政治文明形态
　　…………………………………………… 王炳权　张　君 / 028

02 党领导人民创造了人类文明新形态……… 马建堂　赵昌文 / 037

03 深刻把握人类文明新形态的丰富内涵………… 葛立新 / 044

04 创造人类文明新形态的中国道路……………… 臧峰宇 / 050

05 人类文明新形态的中国宣言………… 刘水静　沈壮海 / 054

06 中国式现代化开创人类文明新形态…………… 董志勇 / 062

07 人类文明新形态的道路基石…………………… 颜晓峰 / 067

08 中国式现代化道路创造人类文明新形态……… 闫　薇 / 076

09 人类文明新形态的创新性价值和世界性贡献
　　…………………………………………… 杨奎　刘波 / 082

目 录

10. 中国共产党与人类文明新形态……………………… 陈 晋 / 088

11. 如何理解我们创造的人类文明新形态…………… 韩 震 / 096

12. 深刻把握人类文明新形态的世界贡献…… 张晓萌 周 鼎 / 104

13. 人类文明新形态的中国作为及世界意义… 王若斯 高振岗 / 110

14. 中国式现代化新道路与人类文明新形态………… 王灵桂 / 115

15. 创造人类文明新形态的路径与意义…………… 程美东 / 129

16. 人类文明新形态的世界担当…………………… 田鹏颖 / 133

17. 以系统观念正确认识人类文明新形态………… 邱耕田 / 138

18. 人类文明新形态的世界意义…………… 李包庚 熊 峰 / 144

19. 人类文明新形态的理论内涵和世界意义… 冯鹏志 曹润青 / 148

学术圆桌

01 中国式现代化文明新形态的世界意义 …………… 王宇航 / 158

02 "人类文明新形态"的理论意蕴和思想智慧 ……… 顾海良 / 166

03 中国共产党引领人类文明形态的历史进程 ………… 邢国忠 / 181

04 社会主义基本价值追求对人类文明的推动 ………… 杨永志 / 194

05 世界社会主义的探索历程与人类文明的前进方向 … 刘晨光 / 209

思想平台

思想平台

丰富了人类政治文明形态

仲 音

前不久,一位在中国生活了15年的外国记者在一个节目里,讲述了一个关于中国民主的故事:全国人大代表王艳是天津市公交集团第三客运有限公司8路车队的一名驾驶员,刚开始,她在拟写议案时,会参考车上乘客曾跟她反映的内容,后来,渐渐变成乘客上车时会直接把写好的建议递给她,"公交车厢"变成了"民声信箱"。在他看来,这反映了中国民主制度的现状,中国建构了一套适合自己基本国情的民主政治制度。

习近平总书记深刻指出:"民主是各国人民的权利,而不是少数国家的专利。"经过百年探索实践,中国共产党带领中国人

丰富了人类政治文明形态

民找到了符合中国国情的民主新形态——这就是全过程人民民主。中国基于本国国情发展全过程人民民主，既有着鲜明的中国特色，也体现了全人类对民主的共同追求；既推动了中国的发展与中华民族的复兴，也丰富了人类政治文明形态。

"履不必同，期于适足"。民主是人类社会历经千百年探索形成的政治形态，但世界上没有定于一尊的民主形式，各国的历史文化不同、现实国情不同，民主的形式选择必然不同。中国的现代化，没有走西方老路，而是创造了中国式现代化道路；没有照搬照抄西方民主模式，而是创造了中国式民主。占世界人口近1/5的14亿多中国人民真正实现当家作主，享有广泛权利和自由，提振了发展中国家发展民主的信心。这是中国对人类政治文明的重大贡献，也是人类社会的巨大进步。可以说，全过程人民民主，为人类民主事业发展探索了新的路径。

评判一种民主形式，关键要看它是否适应本国历史文化，是否符合本国现实国情，能否带来政治稳定、社会进步、民生改善，能否得到人民的支持和拥护，能否为人类进步事业作出贡献。中国的全过程人民民主，把民主选举、民主协商、民主决策、民主管理、民主监督等环节彼此贯通起来，把选举民主和协商民主这两个积极性都充分调动起来，让中国人民全程、有效、深入地表达自身利益诉求，参与国家政治生活，小到衣食住行，大到改革发展，人民的意愿都能得到最充分的体现。

何为人类文明新形态

思想平台

今天在中国，人民不仅有选举、投票的权利，也有广泛参与的权利；不仅能表达自己的意愿，也能有效实现；不仅推动国家发展，还能共享发展成果。中国在现代化进程中，之所以能实现民主发展与政治稳定、社会进步的良性互动，一个重要原因就在于，我们坚持中国的民主按照中国的特点、中国的实际来设计和发展，坚定不移走符合国情的民主发展之路。中国的民主实践启示世界：各国应根据自身特点选择符合自身现代化发展的民主形态，学习借鉴而不是照抄照搬。可以说，全过程人民民主，也为丰富和发展人类政治文明贡献了中国智慧、中国方案。

民主不仅是国内治理的方式，也是全球治理的原则。中国是民主的忠实追求者、积极推动者和模范实践者，不但在本国积极发展人民民主，而且在国际上大力推动国际关系民主化。从提出构建人类命运共同体理念，到推动建设相互尊重、公平正义、合作共赢的新型国际关系；从提出全球发展倡议、全球安全倡议，到坚定支持联合国在国际事务中发挥更大作用；从推动共建"一带一路"高质量发展，到推动建设开放型世界经济……面对世界百年未有之大变局，中国始终以人类前途命运为要，在国与国交往中大力弘扬民主精神，坚持不懈地推进国际关系民主化。"世界上的事情只能由各国政府和人民共同商量来办"，这是处理国际事务的民主原则，也是中国的民主实践给世界的启示。

丰富了人类政治文明形态

思想平台

中国有句古话,"和羹之美,在于合异。"人类政治文明的百花园之所以绚烂多彩,正是由于不同文明各具特色。中国人民对自己的民主充满自信,同时也充分尊重别国的民主。面向未来,中国将在继续发展完善本国民主的同时,坚定不移地捍卫国际关系民主化原则,同各国一道,共同创造人类更加美好的明天!

《人民日报》(2022年08月08日第04版)

成功推进和拓展了中国式现代化

仲 音

　　首都北京，西南三环与西南四环之间，矗立着一座气势恢宏的建筑——北京丰台站。自今年6月20日正式投入运营以来，这座有着127年历史的火车站，已成为城市新地标。从向外国人借款修建，到中国人自行设计建造；从低矮砖瓦房，到高速、普速列车首次"重叠"停靠，北京丰台站见证了中国铁路的沧桑巨变，也为中国式现代化道路写下生动注脚。

　　习近平总书记强调："在新中国成立特别是改革开放以来的长期探索和实践基础上，经过党的十八大以来在理论和实践上的创新突破，我们成功推进和拓展了中国式现代化。"前无古人的伟大创举,破解了人类社会发展的诸多难题,给世界上那些既希望加快发展又希望保持自身独立性的国家和民族提供了全新选择,为人类对更好社会制度的探索提供了中国方案。

历史是现实的源头。只有回看走过的路、比较别人的路、远眺前行的路,弄清楚我们从哪儿来、往哪儿去,很多问题才能看得深、把得准。梁启超发表《新中国未来记》,他在书中渴望自己的祖国"睡狮破浓梦,病国起沉疴"。然而,在半殖民地半封建社会的条件下,实现这样的目标,谈何容易?中国向何处去?于"漏舟之中"走向站起来,于"濒临崩溃边缘"走向富起来,于"滚石上山"走向强起来,党在百年奋斗中始终坚持从我国国情出发,探索并形成符合中国实际的正确道路。习近平总书记深刻指出:"我们党领导人民不仅创造了世所罕见的经济快速发展和社会长期稳定两大奇迹,而且成功走出了中国式现代化道路,创造了人类文明新形态。"从四分五裂、一盘散沙到高度统一、民族团结,从积贫积弱、一穷二白到全面小康、繁荣富强,从被动挨打、饱受欺凌到独立自主、坚定自信,一个个彪炳史册的人间奇迹无可辩驳地证明:中国特色社会主义道路是创造人民美好生活、实现中华民族伟大复兴的康庄大道。

道路决定命运。一个国家,一个民族,只有找到适合自己条件的道路,才能实现自己的发展目标。"现代化"从18世纪中叶出现以来,已经有200多年,迄今让30多个国家、约10

何为人类文明新形态

思想平台·

亿人步入发达国家的行列,成为不同民族、不同地区、不同国家走向文明的必由之路。而当西方国家率先登上现代化列车,当西方列强用坚船利炮打开"其余世界"的大门,所谓"现代化就是西方化"的迷思,就开始笼罩在地球上空。然而历史反复证明,没有一个民族、一个国家可以通过依赖外部力量、照搬外国模式、跟在他人后面亦步亦趋实现强大和振兴。那样做的结果,不是必然遭遇失败,就是必然成为他人的附庸。中国开创的社会主义现代化道路,让科学社会主义在中国焕发勃勃生机,在终结了"历史终结论"的同时,展现了实现现代化的全新可能,给了更多国家自主探索现代化道路以信心勇气和现实借鉴。

人间正道,文明新篇。越走越宽广的中国道路,愈来愈耀眼的人类文明新形态,不仅拓展了发展中国家走向现代化的途径,还摒弃了西方以资本为中心的现代化、两极分化的现代化、物质主义膨胀的现代化、对外扩张掠夺的现代化老路,深刻重塑着人类文明发展的格局与趋势。这是走和平发展、合作共赢新路,超越扩张掠夺、"国强必霸"旧逻辑的文明新形态。高质量推进共建"一带一路",为沿线国家和地区带来重要发展机遇;举办进博会、服贸会、广交会、消博会等经贸盛会,为各国搭乘中国发展快车提供机遇……中国始终站在历史正确的一边,站在人类进步的一边。这是为应对人类共同挑战开展创新实践、积累新鲜经验、贡献中国方案的文明新形态。中国式现代化不是西方现代化的"翻版",长期以来特别是新时代的开创性探索、超越性实践,为破解人类共同面临的历史性、世界性难题提供了极为宝贵的经验。

2022年1月4日,在第五次实地考察冬奥筹备过程中,习近平总书记指出:"历史会镌刻下这一笔,世界将对中国道路有全新的认识。"北京冬奥会成为世界感知中国发展的一面镜子,这面镜子映照出的,是阳光、富强、开放、充满希望的国家形象,是中国式现代化道路的光明前景。砥砺奋进再向前,脚踏中华大地,传承中华文明,走符合中国国情的正确道路,党和人民就具有无比广阔的舞台,具有无比坚定的历史自信,具有无比强大的前进定力。

《人民日报》(2022年09月08日第04版)

这条道路走得对、走得通，走得稳、走得好

仲 音

一座红色场所，一段浓缩历史，一种力量凝聚。沿北京中轴线一路向北，中国共产党历史展览馆巍然矗立，吸引着络绎不绝的游客前来参观。国营商店、二八杠自行车、黑白电视机、脚踏缝纫机……展览中，很多老物件勾起了人们过往的记忆。从油票、粮票退出历史舞台，到冰箱、电视、洗衣机走进寻常百姓家，再到全面建成小康社会，生活中的变化见证我们所走过的光辉历程，激发着我们内心的自豪感，坚定着我们走中国特色社会主义道路的信心与决心。

这条道路走得对、走得通，走得稳、走得好

思想平台

实现中华民族伟大复兴，道路是最根本的问题。习近平总书记深刻指出："中国特色社会主义是实现中华民族伟大复兴的唯一正确道路。这条道路符合中国实际、反映中国人民意愿、适应时代发展要求，不仅走得对、走得通，而且也一定能够走得稳、走得好。"

回望中国的现代化历程，可谓一路风雨一路歌。新中国成立后，面对"一辆汽车、一架飞机、一辆坦克、一辆拖拉机都不能造"的百业待兴局面，毛泽东同志提出，我们的任务"就是要安下心来，使我们可以建设我们国家现代化的工业、现代化的农业、现代化的科学文化和现代化的国防"。改革开放后，邓小平同志提出了"中国式的现代化"概念，强调"我们从八十年代的第一年开始，就必须一天也不耽误，专心致志地、聚精会神地搞四个现代化建设"。几十年过去了，中国的现代化建设拥有了更丰富内涵，2021年初，习近平总书记深刻指出："新中国成立不久，我们党就提出建设社会主义现代化国家的目标，未来30年将是我们完成这个历史宏愿的新发展阶段。"可以说，中国式现代化道路，是一代又一代中国共产党人，胸怀实现现代化的历史宏愿，团结带领人民艰辛探索出来的。

鞋子合不合脚，自己穿了才知道；道路好不好，自己走了才知道。忆往昔，孙中山先生在《建国方略》中满怀希望地设想，修建约16万公里的铁路，修建160万公里的公路，建设3个世

界级大港，但当时的中国人多将其视为无法实现的梦想；看今朝，铁路密布、高铁飞驰，公路成网、神州畅通，世界大港十之有七，已远远超出孙中山先生当初的设想。忆往昔，我们连火柴、肥皂、煤油、水泥、铁钉都需要进口；看今朝，我国成为唯一拥有联合国产业分类当中全部工业门类的国家，220多种工业产品产量居世界首位。忆往昔，旧中国的农业发展水平低下，有80%的人口长期处于饥饿半饥饿状态；看今朝，中国人民彻底告别了缺衣少食、物资匮乏的年代，再无饥馑之年、冻馁之患。

百年风华，人民史诗。习近平总书记强调："我们能够创造出人类历史上前无古人的发展成就，走出了正确道路是根本原因。"这是深刻的历史启示，也是宝贵的成功经验。

一个国家走的道路行不行，关键要看是否符合本国国情，是否顺应时代发展潮流，能否带来经济发展、社会进步、民生改善、社会稳定，能否得到人民支持和拥护，能否为人类进步事业作出贡献。中国特色社会主义不是从天上掉下来的，而是从改革开放40多年的伟大实践中走出来的，是在中华人民共和国成立70多年的持续探索中走出来的，是在对近代以来180多年中华民族发展历程的深刻总结中走出来的，是在对中华民族5000多年悠久文明的传承中走出来的，具有深厚的历史渊源和广泛的现实基础。中国特色社会主义道路之所以是一条走得对、走得通的强国之路，就在于这条道路适合中国国情、符合中国

这条道路走得对、走得通、走得稳、走得好

特点、顺应时代发展要求。中国特色社会主义，既是我们必须不断推进的伟大事业，又是我们开辟未来的根本保证。

历史的巧合，往往意味深长。八达岭长城脚下，两条铁路在此交会：一条是詹天佑主持修建的京张铁路，一条是作为2022年北京冬奥会配套交通工程的京张高铁。从打破"中国人不能自建铁路"断言的"争气路"，到引领智能高铁的"先行路"，从时速35公里到350公里，京张线见证着一个国家的发展，折射出中国道路的成功。梦在前方，路在脚下。我们已经走出一条光明大道，我们当然要坚定不移继续前行。

《人民日报》（2022年09月09日第04版）

思想平台·

"走自己的路",我们信心十足

仲　音

近期,科技创新捷报频传。神舟十四号航天员乘组圆满完成首次出舱活动全部既定任务,长征火箭创下连续逾百次发射成功的纪录,首架 C919 大飞机正式交付。不断涌现的科技创新成果,充分体现了我国社会主义制度集中力量办大事的政治优势,进一步增强了人们"走自己的路"的深厚自信。

道路问题直接关系党和人民事业兴衰成败。中国特色社会主义道路,开拓于中国人民共同奋斗,扎根于中华大地,是给中国人民带来幸福安宁的正确道路。习近平总书记强调:"一定要定下心来,一心一意走自己的路,而且要建立这样的一种自

"走自己的路",我们信心十足

思想平台

信,就是我们一定会把自己的事业办好,屹立于世界民族之林"。走自己的路,是党的全部理论和实践立足点,更是党百年奋斗得出的历史结论。

中国是一个有着 14 亿多人口的大国,大有大的优势,大也有大的难处。在如此超大规模的国家实现现代化,是一个世界性和世纪性的难题——迄今为止,全球实现现代化的国家和地区人口约为 10 亿人,不到全球人口的 1/7。在几乎所有发展指标上,中国每往前走一步,都需要比其他国家付出更多努力。习近平总书记深刻指出:"中国有 960 多万平方公里土地、56 个民族,我们能照谁的模式办?谁又能指手画脚告诉我们该怎么办?"一个国土面积广袤、人口规模巨大、地区差异悬殊的发展中大国实现现代化,在人类历史上没有先例可循,中国必须走一条属于自己的道路。

大道之行,壮阔无垠;大道如砥,行者无疆。回首波澜壮阔的奋斗征程,中国发展取得巨大成功,根本原因就是找到了中国特色社会主义这条正确发展道路并且沿着这条道路坚定不移地走下去。2021 年 4 月 14 日,杭州国际博览中心,浙江三门县城西村村支书章国进走上讲台,台下线上 430 多位外方代表,凝神听他讲述九任村支书带领群众接力致富的故事。章国进展示了 35 个记录本,"粮食总产量比上年增产了 27%""创办五金厂、变压器配件厂"……密密麻麻的记录本上,记下了这个曾

何为人类文明新形态

思想平台

经"饭都吃不饱"的穷村庄,如何一步一步成为年收入上千万元的"浙江省小康示范村",折射出中国式现代化取得的辉煌成就。短短30多年里,中国这个世界上最大的发展中国家,摆脱贫困并跃升为世界第二大经济体,彻底摆脱"被开除球籍"的危险。这样的发展奇迹,何其辉煌!我们走的这条道路,何其正确!正如习近平总书记强调的:"当今世界,要说哪个政党、哪个国家、哪个民族能够自信的话,那中国共产党、中华人民共和国、中华民族是最有理由自信的。"

一个国家、一个民族,对自己追求的宏伟目标有着坚定信心,才可能创造人间奇迹。我国作为一个人口众多和超大市场规模的社会主义国家,在迈向现代化的历史进程中,必然要承受其他国家都不曾遇到的各种压力和严峻挑战。当前世界百年未有之大变局加速演进,中华民族伟大复兴进入关键时期。越是面对困难挑战,越要坚定信心,毫不动摇坚持和发展中国特色社会主义,坚定不移走自己的路。有了"自信人生二百年,会当水击三千里"的勇气,我们就能毫无畏惧面对一切困难和挑战,就能坚定不移开辟新天地、创造新奇迹。站在新的历史起点上,中国人民有骨气、有信心、有能力,做好自己的事,走好自己的路。

见证2001年中国加入世界贸易组织的木槌,反映脱贫攻坚的新闻报道,北京冬奥会冬残奥会吉祥物"冰墩墩"和"雪容

"走自己的路",我们信心十足

思想平台

融"设计手稿……走进中国国家版本馆,一件件展品,见证着中国式现代化的不凡历程。"只要路走对了,就不怕遥远"。今天,站立在960多万平方公里的广袤土地上,吸吮着中华民族漫长奋斗积累的文化养分,拥有14亿多中国人民聚合的磅礴之力,走中国特色社会主义道路,我们信心十足,力量十足!迎着民族复兴的壮丽前景,坚定志不改、道不变的决心,牢牢把中国发展进步的命运掌握在自己手中,我们的道路多么宽广,我们的前程无比辉煌!

《人民日报》(2022年09月14日第04版)

思想平台

为人类对现代化道路的
探索作出新贡献

仲 音

2022年1月6日，肯尼亚港口城市蒙巴萨。中方承建的蒙巴萨油码头竣工仪式举行，肯尼亚总统肯雅塔亲临现场，并有感而发："总有一些人喜欢对我们指手画脚，而中国则是以实际行动帮助我们推进经济社会发展议程""中国从不居高临下地告诉我们应该怎么做，这正是非中合作的独特之处"。用历史的长镜头审视，以发展的广角镜观察，中国始终践行和平发展理念，与世界各国共享发展红利，中国式现代化既发展自身又造福世界，为人类共同发展开辟了更加广阔的前景。

立己达人，兼济天下。习近平主席强调："中国共产党将团结带领中国人民深入推进中国式现代化，为人类对现代化道路的探索作出新贡献。"中国式现代化是人口规模巨大的现代化，是全体人民共同富裕的现代化，是物质文明和精神文明相协调的现代化，是人与自然和谐共生的现代化，是走和平发展道路的现代化。中国式现代化既切合中国实际，体现了社会主义建设规律，也体现了人类社会发展规律，展现了人类社会现代化的光明前景。

世界上既不存在定于一尊的现代化模式，也不存在放之四海而皆准的现代化标准。今天，面对中国发展取得的巨大成功，很多人都在谈论中国故事、中国震撼、中国奇迹，啧啧称奇的背后，不仅是一个大国体量上几何级数的增长，更是一条独特现代化道路的勃兴，一种新型文明形态带来的聚变效应。习近平主席强调："现代化不是单选题。历史条件的多样性，决定了各国选择发展道路的多样性。"世界是多向度发展的，世界历史更不是单线式前进的。各国人民有权选择自己的发展道路和制度模式，每个国家自主探索符合本国国情的现代化道路的努力都应该受到尊重。中国式现代化实践，打破了只有遵循资本主义现代化模式才能实现现代化的神话。中国式现代化的成功昭示世人，现代化道路并没有固定模式，适合自己的才是最好的。

在世界历史的坐标上，中国式现代化是后发国家的现代化。

思想平台

回望历史，西方发达国家是一个"串联式"的发展过程，工业化、城镇化、农业现代化、信息化顺序发展，发展到目前水平用了二百多年时间。相比较而言，中国发展是一个"并联式"的过程和状态，工业化、信息化、城镇化、农业现代化是叠加发展的。从"现代化的迟到国"成为"世界现代化的增长极"，中国仅用了几十年的时间，在发展的很多方面走过了西方发达国家上百年甚至数百年的发展历程。中国式现代化，开辟了后发国家走向现代化的崭新道路，让想发展、要发展的国家看到坚持走符合自身国情的发展道路是可行的。

与通过对外扩张掠夺完成原始积累、长期沿袭"弱肉强食""丛林法则"定式的西方现代化老路不同，中国的现代化，从不输出殖民、战争和冲突，完全以和平、合作与共赢方式推进。"我们推进的现代化，是中国共产党领导的社会主义现代化"，坚持把国家和民族发展放在自己力量的基点上、把中国发展进步的命运牢牢掌握在自己手中。针对"一国独霸""几方共治"的论调，提出"国际规则应该由各国共同书写，全球事务应该由各国共同治理"；针对打着多边主义旗号搞拉帮结派"小圈子"的行径，指出"多边主义的要义是国际上的事由大家共同商量着办"，倡导践行真正的多边主义；针对人为"筑墙""脱钩"的倾向，倡议"我们要真心实意谋发展、齐心协力促发展，建设开放型世界经济"……新时代中国坚守国际公平正义，坚持共商共建共享，坚持为广大发展中国家仗义执言，让世界看到中国式现代化的价值取向。正如英国学者马丁·雅克指出的，中国提供了一种"新的可能"，开辟了一条合作共赢、共建共享的文明发展新道路，"这是前无古人的伟大创举，也是改变世界的伟大创造"。

广袤的非洲大陆上，两条铁路有着特殊的历史地位。一条是坦赞铁路，上世纪六七十年代，5万多名中国工程技术人员来到非洲，帮助坦桑尼亚、赞比亚修建这条"自由之路"，60多名中国专家将生命留在这里；一条是蒙内铁路，这条采用中国标准、中国技术、中国装备建造的现代化铁路，正带动着整个东非的交通和经贸发展。两条铁路的建设发展，穿越时空；中国共产党人的天下情怀，一以贯之。面向未来，既不走封闭僵化的老路，也不走改旗易帜的邪路，坚定不移走中国特色社会主义道路，我们一定能够把我国建设成为富强民主文明和谐美丽的社会主义现代化强国，实现中华民族伟大复兴的中国梦，一定能够为人类作出新的更大贡献！

《人民日报》（2022年09月19日第04版）

何为人类文明新形态

思想平台

中国式现代化创造了人类文明新形态

人民日报评论员

党和人民事业是人类进步事业的重要组成部分。在新进中央委员会的委员、候补委员和省部级主要领导干部学习贯彻习近平新时代中国特色社会主义思想和党的二十大精神研讨班开班式上，习近平总书记指出"中国式现代化，深深植根于中华优秀传统文化，体现科学社会主义的先进本质，借鉴吸收一切人类优秀文明成果，代表人类文明进步的发展方向，展现了不同于西方现代化模式的新图景，是一种全新的人类文明形态"，强调"中国式现代化为广大发展中国家独立自主迈向现代化树立了典范，为其提供了全新选择"。

实现现代化是世界各国人民的共同追求。在追求现代化的艰苦卓绝奋斗中，我们党领导人民不仅创造了世所罕见的经济快速发展和社会长期稳定两大奇迹，而且成功走出了中国式现代化道路，创造了人类文明新形态。特别是党的十八大以来，我们党在已有基础上继续前进，不断实现理论和实践上的创新突破，成功推进和拓展了中国式现代化。十年砥砺前行，以习近平同志为核心的党中央提出实现中华民族伟大复兴的中国梦，以中国式现代化推进中华民族伟大复兴，坚持和发展中国特色社会主义，推动物质文明、政治文明、精神文明、社会文明、生态文明协调发展，不断丰富和发展人类文明新形态，推动党和国家事业取得历史性成就、发生历史性变革，中华民族迎来了从站起来、富起来到强起来的伟大飞跃，中国共产党和中国人民为解决人类面临的共同问题提供更多更好的中国智慧、中国方案、中国力量，为人类和平与发展崇高事业作出新的更大的贡献。实践充分表明，中国式现代化扎根中国大地，既切合中国实际，体现了社会主义建设规律，也体现了人类社会发展规律，为人类实现现代化提供了新的选择。中国式现代化道路越走越宽广，必将更好发展自身、造福世界。

习近平总书记强调："中国式现代化，打破了'现代化＝西方化'的迷思，展现了现代化的另一幅图景，拓展了发展中国

思想平台·

家走向现代化的路径选择，为人类对更好社会制度的探索提供了中国方案。"必须深刻认识到，世界上既不存在定于一尊的现代化模式，也不存在放之四海而皆准的现代化标准。新中国成立特别是改革开放以来，我们用几十年时间走完西方发达国家几百年走过的工业化历程，创造了举世瞩目的发展成就，为中华民族伟大复兴开辟了广阔前景，这充分表明：治理一个国家，推动一个国家实现现代化，并不只有西方制度模式这一条道，各国完全可以走出自己的道路来。中国式现代化开辟了发展中国家走向现代化的新路径，打破了只有西方资本主义道路才能实现现代化的神话，也用事实宣告了"历史终结论"的破产，宣告了各国最终都要以西方制度模式为归宿的单线式历史观的破产。我们要坚持党的基本理论、基本路线、基本方略不动摇，坚定道路自信、理论自信、制度自信、文化自信，坚定不移走好自己的路，心无旁骛做好自己的事，坚持把国家和民族发展放在自己力量的基点上，坚持把我国发展进步的命运牢牢掌握在自己手中。

党的二十大对中国式现代化的本质要求作出科学概括。这个概括是党深刻总结我国和世界其他国家现代化建设的历史经验，对我国这样一个东方大国如何加快实现现代化在认识上不断深化、战略上不断完善、实践上不断丰富而形成的思想理论结晶。习近平总书记指出："中国式现代化蕴含的独特世界观、价值观、历史观、文明观、民主观、生态观等及其伟大实践，是对世界现代化理论和实践的重大创新。"要深刻认识到，中国式现代化理论是基于中国国情、中国现实的重大理论创新，既体现了我国现代化发展方向，也代表人类文明进步的发展方向；中国式现代化前无古人的创举，破解了人类社会发展的诸多难题，摒弃了西方以资本为中心的现代化、两极分化的现代化、物质主义膨胀的现代化、对外扩张掠夺的现代化老路。前进道路上，我们要始终不渝地坚持中国共产党领导，坚持中国特色社会主义，实现高质量发展，发展全过程人民民主，丰富人民精神世界，实现全体人民共同富裕，促进人与自然和谐共生，推动构建人类命运共同体，创造人类文明新形态。要拓展世界眼光，坚持对外开放，积极学习借鉴世界各国现代化的成功经验，在交流互鉴中不断拓展中国式现代化的广度和深度。

当今世界，虽然许多国家都在努力建设现代化，但真正全面建成现代化的国家并不多。一些发展中国家不顾自身发展的国情和历史方位，全盘照搬西方模式，结果发展过程极为艰难。归根结底，人类历史上没有一个民族、一个国家可以通过依赖外部力量、照搬外国模式、跟在他人后面亦步亦趋实现强大和振兴。我国的现代化建设之所以能够取得今天这样的好局面，根本在于我们的现代化是中国共产党领导的社会主义现代化，既有各国现代化的共同特征，更有基于自己国情的中国特色。中国式现代化之所以取得成功，就是因为它切合中国实际、反映中国人民意愿、适应时代发展要求，是我们党扎根中国大地、独立自主探索出来的现代化道路。中国式现代化的成功实践，为广大发展中国家独立自主迈向现代化树立了典范，给世界上那些既希望加快发展又希望保持自身独立性的国家和民族提供了全新选择。

中国共产党是为中国人民谋幸福、为中华民族谋复兴的党，也是为人类谋进步、为世界谋大同的党。心中装着百姓，手中握有真理，脚踏人间正道，我们信心十足、力量十足。面向未来，更加紧密地团结在以习近平同志为核心的党中央周围，全面贯彻习近平新时代中国特色社会主义思想，坚定站在历史正确的一边、站在人类文明进步的一边，坚持以中国式现代化全面推进中华民族伟大复兴，我们完全有信心有能力在新时代新征程创造令世人刮目相看的新的更大奇迹，为人类文明进步和世界和平发展作出新的更大贡献。

《人民日报》（2023年02月12日第01版）

理论茶座

发展全过程人民民主
丰富人类政治文明形态

王炳权　张　君

人民民主是中国共产党始终高举的旗帜。党的十八大以来，以习近平同志为核心的党中央站在坚持和发展中国特色社会主义全局的战略高度，深化对民主政治发展规律的认识，创造性提出全过程人民民主的重大理念。全过程人民民主是我们党不断推进中国民主理论创新、制度创新、实践创新的经验结晶，为新时代发展社会主义民主政治、建设社会主义政治文明提供了科学指引和根本遵循。

历史逻辑、理论逻辑、实践逻辑的必然结果

全过程人民民主形成和发展于党领导人民争取民族独立、人民解放和实现国家富强、人民幸福的不懈奋斗，是近代以来党团结带

领人民长期奋斗历史逻辑、理论逻辑、实践逻辑的必然结果。

党领导中国人民实现人民当家作主的成果。民主是全人类的共同价值，是中国共产党和中国人民始终不渝坚持的重要理念。中国共产党的奋斗史，就是一部团结带领人民探索、形成、发展全过程人民民主的奋斗史。1921年，中国共产党成立，点亮了中国的民主之光。新民主主义革命时期，党领导人民为争取民主、反抗压迫和剥削进行了艰苦卓绝斗争，成立了新中国，实现了中国从几千年封建专制政治向人民民主的伟大飞跃，中国人民真正成为国家、社会和自己命运的主人。社会主义革命和建设时期，党领导人民建立和巩固国家政权，人民当家作主的政治架构、经济基础、法律原则、制度框架基本确立并不断发展。改革开放和社会主义现代化建设新时期，党领导人民坚定不移推进社会主义民主法治建设，民主发展的政治制度保障和社会物质基础更加坚实。中国特色社会主义进入新时代，以习近平同志为核心的党中央立足新的历史方位，团结带领人民发展全过程人民民主，人民当家作主制度体系更加健全，人民依法有序政治参与不断扩大，社会主义民主政治制度化、规范化、程序化全面推进。全过程人民民主，是中国共产党为实现人民当家作主不懈奋斗的成果。

马克思主义基本原理同中国具体实际相结合的产物。马克思主义深刻揭示了自然界、人类社会、人类思维发展的普遍规律，为社会主义民主政治建设提供了科学指导。在革命、建设、改革的不同历史时期，我们党鲜明提出"中国式的、特殊的、新式的民主主义""没有民主就没有社会主义，就没有社会主义的现代化"等重大命题和论断，不断推进实践基础上的理论创新。新时代，我们党深化对民主政治发展规律的认识，提出一系列新理念新思想新战略。比如，提出"中国特色社会主义最本质的特征是中国共产党领导""中国共产党的领导，就是支持和保证人民实现当家作主"，坚持并发展了马克思主义政党理论；提出"江山就是人民、人民就是江山"，提出以人民为中心的发展思想，坚持并发展了马克思主义群众观点等。全过程人民民主，是我们党团结带领人民在新的时代条件下把马克思主义基本原理同中国具体实际相结合、同中华优秀传统文化相结合的成果。

中国特色社会主义民主政治实践发展的产物。全过程人民民主不是从天上掉下来的，更不是别人恩赐施舍的，而是我国民主实践的创造。在人民民主实践的长期探索中，我们党积极回应人民对民主的新要求新期盼，不断推动民主制度体系更加成熟、更加定型，极大丰富了民主形式、拓宽了民主渠道、丰富了民主内涵。中国特色社会主义进入新时代，社会主要矛盾转化为人民日益增长的美好生活需要和不平衡不充分的发展之间的矛盾。人民美好生活需要日益广泛，不仅对物质文化生活提出了更高要求，而且在民主、法治、公平、正义、安全、环境等方面的要求日益增长。民有所呼，我有所应。全过程人民民主正是在深刻总结我国民主政治发展实践经验、积极回应人民群众的新要求新期盼中发展推进的。

全链条、全方位、全覆盖的民主

全过程人民民主贯通国家政治生活和社会生活各环节、各方面，使人民意志得到更好体现、人民权益得到更好保障、人民创造活力进一步激发。

全链条的民主。全过程人民民主通过一系列法律和制度安排，将民主选举、民主协商、民主决策、民主管理、民主监督各环节贯通起来，形成了民主链条的完整闭环。在选举环节，人民通过选举、投票行使权利，选出代表自己意愿的人来掌握并行使权力。在协商环节，人民就改革发展稳定的重大问题以及事关自身利益的问题，在决策之前和决策实施之中开展广泛协商，最大限度地凝聚共识。在决策环节，人民通过听证、评估、咨询、网络、民意调查等多种途径和方式，广泛参与到决策过程中，越来越多来自基层的声音直达各级决策层。在管理环节，人民通过各种途径和形式，管理国家事务，管理经济和文化事业，管理社会事务。在监督环节，形成了一套有机贯通、相互协调的监督体系和配置科学、权责协同、运行高效的监督网，人民可以对各级国家机关及其组成人员履职情况进行监督，有效解决权力滥用、以权谋私的问题。

全方位的民主。全过程人民民主把人民当家作主具体地、现实地体现在党治国理政的政策措施上，具体地、现实地体现在党和国家机关各个方面各个层级工作上，具体地、现实地体现在实现人民对美好生活向往的工作上，是全方位的民主。在我国，从全国人大到乡级人大，五级人民代表大会代表均由民主选举产生。各级人大选举产生同级国家机关领导人员。在基层，村（居）民依法定期选举产生村（居）民委员会成员，依法直接行使民主权利，依法管理基层公共事务和公益事业。企事业单位建立以职工代表大会为基本形式的民主管理制度，职工在企事业单位重大决策和涉及职工切身利益等重大事项上发挥积极作用。社会主义协商民主作为中国社会主义民主政治的特有形式和独特优势，深深嵌入民主实践的全过程。从中央到地方，形成了政党协商、人大协商、政府协商、政协协商、人民团体协商、基层协商、社会组织协商等协商渠道，协商民主广泛多层制度化发展。全过程人民民主探索创造了一个又一个充满烟火气的民主形式，使人民利益要求既能畅通表达，也能有效实现。

全覆盖的民主。全过程人民民主涵盖经济、政治、文化、社会、生态文明等各个方面，以多样、畅通、有序的民主渠道，充分调动各地区、各民族、各方面、各阶层的积极性主动性创造性，充分发挥各级国家机关和武装力量、各政党和各社会团体、各企业事业组织的作用。全过程人民民主，既关注国家发展大事，也关心社会治理难事、百姓日常琐事，经济发展、社会治理、老百姓急难愁盼问题等都可以纳入民主议事日程，实现人民广泛持续的民主参与，民主实践深深融入人们的日常工作和生产生活，有效防止了选举时漫天许诺、选举后无人过问的现象，推动人民当家作主落地生根。

相互补充、相辅相成、相得益彰的民主

全过程人民民主，起始于人民意愿充分表达，落实于人民意愿有效实现，实现了过程民主和成果民主、程序民主和实质民主、直接民主和间接民主、人民民主和国家意志相统一。

过程民主和成果民主相统一。全过程人民民主不仅具有完整的制度程序和完整的参与实践，而且确保人民享有广泛权利、人民民

主参与不断扩大、国家治理高效、社会和谐稳定以及权力运用得到有效制约和监督，是广泛真实管用的民主。全过程人民民主通过一系列法律和制度安排，使人民当家作主的内涵不断丰富、渠道不断拓宽、效能不断提升，中国民主不断向前推进。人民不仅依法参与民主选举、民主协商，也参与民主决策、民主管理、民主监督，党和国家在决策、执行、监督、落实各个环节都能听到人民的声音。全过程人民民主有效促进了社会生产力解放和发展，促进了现代化建设各项事业，促进了人民生活质量和水平不断提高，取得了切实成效，结出累累硕果。中国人民的获得感、幸福感、安全感不断提升，生存权、发展权、健康权得到充分保障，经济、政治、文化、社会、环境等方面权利不断发展。

程序民主和实质民主相统一。全过程人民民主具有民主的权力运行规则和程序，通过制度化、程序化、规范化的安排集中各种意见和建议，推动决策科学化民主化，保证人民当家作主落到实处。我国实行工人阶级领导的、以工农联盟为基础的人民民主专政的国体，实行人民代表大会制度的政体，实行中国共产党领导的多党合作和政治协商制度、民族区域自治制度、基层群众自治制度等基本政治制度，巩固和发展最广泛的爱国统一战线，形成了全面、广泛、有机衔接的人民当家作主制度体系，构建了多样、畅通、有序的民主渠道。与此同时，制度和法律规定的政治程序和政治规则得到真正执行，推动发展更加广泛、更加充分、更加健全的人民民主，中国特色社会主义政治制度优越性得到更好发挥，生动活泼、安定团结的政治局面得到巩固和发展。

直接民主和间接民主相统一。全过程人民民主既包括直接民主，又包括间接民主。我国实行以村民自治制度、居民自治制度和职工代表大会制度为主要内容的基层群众自治制度，人民群众在基层党组织的领导和支持下，依法直接行使民主权利，实现自我管理、自我服务、自我教育、自我监督。人民群众又通过选举人大代表组成各级人民代表大会来间接行使国家权力，由人大依法行使立法权、监督权、决定权、任免权。依靠政协委员联系群众制度，人民群众还能通过政协渠道表达意愿。通过直接民主和间接民主相统一，全过程人民民主把全体人民的智慧和力量凝聚到党和国家事业中来，实现了最广大人民的最广泛参与。

人民民主和国家意志相统一。国家一切权力属于人民，人民民主与国家意志是统一的。发展社会主义民主政治，就是要体现人民意志、保障人民权益、激发人民创造活力，用制度体系保证人民当家作主。党坚持和完善人民代表大会制度，支持和保证人民通过人民代表大会行使国家权力，依照法律规定，通过各种途径和形式，管理国家事务，管理经济和文化事业，管理社会事务，有效保证了党的主张、国家意志、人民意愿相统一。全过程人民民主使人民的利益诉求通过法定程序上升为国家意志，保证国家意志切实反映人民意愿、得到人民拥护，并能够转化为人民的自觉行动。

实现中国民主新发展

全过程人民民主是中国共产党团结带领人民追求民主、发展民主、实现民主的伟大创造，是最广泛、最真实、最管用的社会主义

发展全过程人民民主 丰富人类政治文明形态

民主。全过程人民民主,凝结着对民主政治发展规律的新认识,汇聚了推动国家治理现代化的新动能,为人类政治文明发展作出了新贡献,其时代意义、理论意义、实践意义、世界意义都很深刻。

对民主政治发展规律的认识达到新高度。全过程人民民主坚持马克思主义基本原理,扎根在广袤的中华大地,注重从中华优秀传统文化中汲取智慧和养分,学习借鉴人类文明优秀成果,形成了一系列具有战略性、前瞻性、创造性的新理念新思想新战略,丰富和发展了社会主义民主政治理论。全过程人民民主,具有时间上的连续性、内容上的整体性、运行上的协同性、人民参与上的广泛性和持续性,坚持人民主体地位,有效调节国家政治关系,把党的主张、国家意志、人民意愿紧密融合在一起,推动社会向着自由、平等、公正、文明、团结、和谐的方向前行。全过程人民民主丰富和拓展了中国特色社会主义民主政治的政治内涵、理论内涵、实践内涵,为发展社会主义政治文明指明了前进方向。

为国家治理现代化提供新动能。人民是历史的创造者,是真正的英雄。任何一项伟大事业要成功,都必须从人民中找到根基,从人民中集聚力量,由人民共同来完成。全过程人民民主坚持以人民为中心,真正把发展为了人民、发展依靠人民、发展成果由人民共享落到实处,充分调动起人民的主观能动性,这是中国之治的"密码"。全过程人民民主坚持人民主体地位,使人民当家作主更好体现在国家政治生活和社会生活之中,激发和凝聚了中国人民奋斗新时代的磅礴力量,推动党和国家事业取得历史性成就、发生历史性变革。全过程人民民主,以民主的高质量促进了国家治理的高效能,提升了国家治理体系和治理能力现代化水平。

为人类民主事业发展探索新路径。民主是各国人民的权利，而不是少数国家的专利。实现民主有多种方式，不可能千篇一律。世界上没有定于一尊的民主形式。全过程人民民主既有鲜明的中国特色，也体现全人类共同价值。全过程人民民主没有照搬照抄西方民主模式，而是创造了中国式民主，使得占世界人口近1/5的14亿多中国人民真正实现当家作主，享有广泛权利和自由，为丰富和发展人类政治文明贡献了中国智慧、中国方案。全过程人民民主以其巨大成功，提振了发展中国家发展民主的信心，为人类民主事业发展探索了新的路径。这是中国对人类政治文明的重大贡献，也是人类社会的巨大进步。

民主没有最好，只有更好。人类对民主的探索和实践永无止境。在以习近平同志为核心的党中央坚强领导下，中国特色社会主义政治发展道路越走越宽广，全过程人民民主必将不断发展完善，焕发出更加旺盛的生机和活力，为人类政治文明进步作出充满中国智慧的贡献，为实现第二个百年奋斗目标和中华民族伟大复兴的中国梦筑牢民主基石。

《人民日报》（2021年12月15日第07版）

党领导人民创造了人类文明新形态

马建堂　赵昌文

习近平总书记在庆祝中国共产党成立 100 周年大会上的重要讲话中指出："我们坚持和发展中国特色社会主义，推动物质文明、政治文明、精神文明、社会文明、生态文明协调发展，创造了中国式现代化新道路，创造了人类文明新形态。"党的十九届六中全会通过的《中共中央关于党的百年奋斗重大成就和历史经验的决议》指出："党领导人民成功走出中国式现代化道路，创造了人类文明新形态，拓展了发展中国家走向现代化的途径，给世界上那些既希望加快发展又希望保持自身独立性的国家和民族提供了全新选择。"党领导人民创造了人类文明新形态，这一重要论断凝练概括了中国共产党百年奋斗在人类文明发展史上的重要地位，是中华民族自信自立自强、致力于不断为人类作出更大贡献的豪迈宣示。

深刻领会人类文明新形态的丰富内涵

中国共产党是在践行为中国人民谋幸福、为中华民族谋复兴的初心使命中,带领人民成功走出中国式现代化道路、创造人类文明新形态的。百年来,我们党始终胸怀远大理想、心系人民幸福和民族复兴、关怀人类前途命运,使党和国家事业同全人类的进步事业紧密相联。这种强烈的使命感和历史主动精神,推动党不断把马克思主义基本原理同中国具体实际相结合、同中华优秀传统文化相结合,积极学习借鉴一切人类文明先进成果,带领人民艰苦奋斗,创造了新民主主义革命、社会主义革命和建设、改革开放和社会主义现代化建设、新时代中国特色社会主义的伟大成就,成功走出了一条适合中国国情的中国式现代化道路,创造了人类文明新形态,在物质文明、政治文明、精神文明、社会文明、生态文明协调发展上取得了丰硕成果。

在物质文明上,在党的领导下,我国用几十年时间走完西方发达国家几百年走过的工业化历程,创造了经济快速发展和社会长期稳定两大奇迹,推动世界经济格局深度调整,推动世界力量对比出现"东升西降"的变化。我们创造的物质文明,是坚持以人民为中心、以满足人民群众美好生活需要为导向、以独立自主为重要原则、与精神文明协调发展的物质文明。它避免了一些国家发展中出现的阶层、地区、宗教之间的剧烈冲突,避免了一些发展中国家遇到的"中等收入陷阱"、依附性陷阱。习近平新时代中国特色社会主义经济思想坚持和发展马克思主义政治经济学,强调社会主义生产目的是使我国供给能力更好满足广大人民日益增长、不断升级和个性化的物质文化和生态环境需要，指导我们实现更高质量、更有效率、更加公平、更可持续、更为安全的发展。

在政治文明上，我们党领导人民积极发展全过程人民民主，健全全面、广泛、有机衔接的人民当家作主制度体系，构建多样、畅通、有序的民主渠道，丰富民主形式，从各层次各领域扩大人民有序政治参与，使各方面制度和国家治理更好体现人民意志、保障人民权益、激发人民创造。习近平总书记指出："江山就是人民、人民就是江山"。我们党带领人民创造的政治文明形态，避免了西方金钱政治、党派纷争、政治极化、议而不决、短期行为的弊端，保证人民依法通过多种途径和形式管理国家事务、管理经济和文化事业、管理社会事务，拥有最广泛最真实的民主权利，人民历史主体地位得到充分尊重和彰显。

在精神文明上，我们党不断吸收中华优秀传统文化精华，继承发扬革命文化，发展社会主义先进文化，构筑起中国精神、中国价值、中国力量，巩固全党全国各族人民团结奋斗的共同思想基础。在广阔的中华大地上，中国人民自信自立自强，全社会凝聚力和向心力极大提升。习近平总书记指出："传承中华文化，绝不是简单复古，也不是盲目排外，而是古为今用、洋为中用、辩证取舍、推陈出新"。在党的领导下，中华优秀传统文化在新的历史条件下获得传承弘扬和创造性转化、创新性发展。我们党坚持以社会主义核心价值观引领文化建设，注重用社会主义先进文化、革命文化、中华优秀传统文化培根铸魂，广泛开展中国特色社会主义和中国梦宣传教育，形成了具有强大凝聚力和引领力的社会主义意识形态。

在社会文明上，我们党着眼于国家长治久安、人民安居乐业，建设更高水平的平安中国，完善社会治理体系，健全党组织领导的自治、法治、德治相结合的城乡基层治理体系，推动社会治理重心向基层下移，建设共建共治共享的社会治理制度，建设人人有责、人人尽责、人人享有的社会治理共同体，使社会既充满活力又拥有良好秩序；以保障和改善民生为重点加强社会建设，尽力而为、量力而行，一件事情接着一件事情办，一年接着一年干，在幼有所育、学有所教、劳有所得、病有所医、老有所养、住有所居、弱有所扶上持续用力，使人民获得感、幸福感、安全感更加充实、更有保障、更可持续。

在生态文明上，我们党领导人民在探索人与自然和谐共生的现代化道路中形成了习近平生态文明思想，丰富发展了马克思主义生态观，继承弘扬了中华优秀传统文化天人合一、道法自然的观念，指导建设人与自然和谐共生的生命共同体，我国生态环境保护发生历史性、转折性、全局性变化，破解了发展与保护难题，为人类应对气候变化等全球性挑战提供了中国智慧和中国方案。

在5000多年中华文明积累和发展的基础上，一种以马克思主义为指导、以人民为中心、以中国特色社会主义制度为保障，展示发展中国家现代化新路径，物质文明、政治文明、精神文明、社会文明、生态文明协调发展的人类文明新形态，经过中国共产党团结带领中国人民百年奋斗而成为现实，日益在国际比较中显现出巨大优越性。

深刻领会人类文明新形态的重大意义

我们党领导人民在中国特色社会主义伟大实践中创造的人类文明新形态,对于中华民族和整个世界的发展进步都具有重要的现实意义和深远的历史意义。

中华民族历史上又一次伟大创造。从文明新形态所涵盖的内容看,"新"表现在我们在物质文明、政治文明、精神文明、社会文明、生态文明上都有新的创造,并且这五大文明具有内在统一性。从文明创新的方式看,"新"表现在思想理念、制度体系、发展道路、人文精神、社会实践等方面,并且构成一个有机统一的整体,不是任何其他文明形态的简单模仿或"再版""翻版",也不是对传统文明形态的局部修补和改良。从文明产生的基础看,"新"表现在以社会主义先进文化为本体,充分吸收革命文化、中华优秀传统文化和一切人类文明先进成果,是在中国特色社会主义伟大实践中形成的具有划时代意义的整体性文明创新。我们党领导人民创造的人类文明新形态,是继历史上诸多文明创造之后,中华民族又一次伟大的文明创造,在人类文明谱系中放射出耀眼的光芒,走在世界文明进步潮流的前列。

为人类文明增添新内涵。我们党带领人民创造的人类文明新形态,坚持发展为了人民、发展依靠人民、发展成果由人民共享,明确了人民群众是历史发展和社会进步的主体力量,超越了西方统治阶级和人民群众的割裂对立,为解决人类发展问题提供了新的智慧;坚持马克思主义的世界观和方法论,倡导人民树立强大的历史主动精神,掌握规律,认识世界、改造世界,为人类应对前进道路上的各种风险挑战提供新的启迪;强调在高质量发展中促进共同富裕,为促进社会公正和人的全面发展提供新的智慧;强调人与自然和谐,揭示了人类和自然界休戚与共的生命共同体关系,为人类应对生态环境的全球性挑战提供新的智慧;坚持和发展马克思主义世界历史理论,继承弘扬中华民族兼济天下、协和万邦、和而不同的优秀传统文化,为解决当前世界治理赤字、信任赤字、发展赤字、和平赤字提供新的智慧。包含上述元素并在中国特色社会主义伟大实践中形成的当代中华文明,不仅奠定了中华民族伟大复兴的基础,而且赋予人类文明新的价值内涵。

开辟了科学社会主义新境界。习近平总书记指出:"马克思主义传入中国后,科学社会主义的主张受到中国人民热烈欢迎,并最终扎根中国大地、开花结果,决不是偶然的,而是同我国传承了几千年的优秀历史文化和广大人民日用而不觉的价值观念融通的。"人类文明新形态是马克思主义基本原理同中国具体实际相结合、同中华优秀传统文化相结合并在实践中探索形成的伟大成果。马克思在对人类社会基本矛盾运动科学分析的基础上,对未来人类文明发展方向作出科学分析,提出最终建立一个没有压迫、没有剥削、人人平等、人人自由的理想社会,鼓舞和激励着世界上追求美好未来的人们。无论世界社会主义处于高潮还是低谷,无论党的事业处于顺境还是逆境,中国共产党始终坚持理想、矢志不渝,始终坚守为中国人民谋幸福、为中华民族谋复兴的初心使命,义无反顾向着这个目标前进,赢得了人民衷心拥护和坚定支持。创造人类文明新形态,意味着中国共产党人不仅善于破坏一个旧世界,而且善于建设一个新世界，使马克思主义的科学性和真理性、人民性和实践性、开放性和时代性进一步彰显，开辟了科学社会主义新境界。

拓展了实现全人类共同价值的路径。人类在追求文明进步的长期探索中，形成了诸多共同价值。习近平总书记指出："我们应该大力弘扬和平、发展、公平、正义、民主、自由的全人类共同价值，共同为建设一个更加美好的世界提供正确理念指引。"中国共产党领导人民创造的人类文明新形态，打破了文明形态的"西方中心论"，为实现人类千百年来共同追求的价值提供了新的路径、智慧和启迪。当代中国向世界证明，在追求人类共同价值方面，中华民族不仅能够赶上时代，而且可以做得更好。我们党领导人民创造的人类文明新形态，拓展了实现全人类共同价值的路径，昭示了实现全人类共同价值的光明前景。

《人民日报》（2022年02月09日第07版）

何为人类文明新形态

深刻把握人类文明新形态的丰富内涵

葛立新

习近平总书记在庆祝中国共产党成立100周年大会上的重要讲话中指出:"我们坚持和发展中国特色社会主义,推动物质文明、政治文明、精神文明、社会文明、生态文明协调发展,创造了中国式现代化新道路,创造了人类文明新形态。"这其中提出的"人类文明新形态",体现了中国共产党人的"新文明观"。

马克思认为,对于文明的理解,必须把它同人类的物质生产和精神生产联系起来,把文明看作是一个反映物质生产成果和精神生产成果的总和、标示人类社会开化状态和进步状态的范畴。中国特色社会主义所创造出的人类文明新形态,正体现了集物质文明、政治文明、精神文明、社会文明、生态文明于一体的进步状态。这一人类文明新形态是中国共产党人带领全国人民在中国特色社会主义道路中创造出来的，是对中国特色社会主义的道路自信、理论自信、制度自信和文化自信的新阐释，为我们在新时代坚持和发展中国特色社会主义注入强大信心和力量。

立足中国特色社会主义的伟大实践

回顾中国共产党百年奋斗的光辉历程，展望中华民族伟大复兴的光明前景，中国特色社会主义创造的人类文明新形态，是中国共产党坚持马克思主义基本原理同中国具体实际相结合、同中华优秀传统文化相结合创造出来的。它源自马克思主义基本原理和中华民族5000多年文明历史所孕育的中华优秀传统文化，熔铸于党领导人民在革命、建设、改革中创造的革命文化和社会主义先进文化，植根于中国特色社会主义伟大实践。

1940年，毛泽东同志在《新民主主义论》一文中指出，"在这个新社会和新国家中，不但有新政治、新经济，而且有新文化"，初步提出要构建政治、经济、文化一体发展的格局。1956年，毛泽东同志又在《纪念孙中山先生》一文中指出："中国应当对于人类有较大的贡献。"而对于人类最大的贡献，莫过于为世界提供一种符合全人类普遍价值追求的文明新形态。改革开放之初，邓小平同志在《建设社会主义的物质文明和精神文明》一文中指出："过去很长一段时间，我们忽视了发展生产力，所以现在我们要特别注意建设物质文明。与此同时，还要建设社会主义的精神文明，最根本的是要使广大人民有共产主义的理想。"随着中国特色社会主义的发展，特别是社会主义民主政治的发展，江泽民同志提出："建设社会主义政治文明，是社会主义现代化建设的重要目标。"在科学认识和把握人与自然和谐共生规律的基础上，胡锦涛同志在党的十七大上明确提出要建设生态文明。进入新时代，习近平总书记将生态文明建设纳入中国特色社会主义总体布局之中，并提出："到本世纪中叶，物质文明、政治文明、精神文明、社会文明、生态文明全面提升。"在党的坚强领导下，中国特色社会主义创造的人类文明新形态在实践中不断创新和发展，这一新形态体现出物质文明、政治文明、精神文明、社会文明、生态文明"五位一体"的"整体性文明"形态。

当代中国的伟大社会变革，不是简单延续我国历史文化的母版，不是简单套用马克思主义经典作家设想的模板，不是其他国家社会主义实践的再版，也不是国外现代化发展的翻版。中国的发展，关键在于中国人民在中国共产党领导下，走出了一条适合中国国情的发展道路。中华民族拥有在5000多年历史演进中形成的灿烂文明，中国共产党拥有百年奋斗实践和70多年执政兴国经验，我们积极学习借鉴人类文明的一切有益成果，立足中国特色社会主义伟大实践，创造出人类文明新形态。

坚持全心全意为人民服务的根本宗旨

今天，经过全党全国各族人民接续奋斗，我们实现了第一个百年奋斗目标，在中华大地上全面建成了小康社会，历史性地解决了绝对贫困问题，正在意气风发向着全面建成社会主义现代化强国的第二个百年奋斗目标迈进。"群之所为事无不成，众之所举业无不胜。"从现实维度来看，人类文明新形态之"新"体现在"中国共产党始终代表最广大人民根本利益，与人民休戚与共、生死相依，没有任何自己特殊的利益，从来不代表任何利益集团、任何权势团体、任何特权阶层的利益"。

任何文明本质上都是人创造的文明，脱离人民的文明都不能称之为真正的文明。中国特色社会主义所创造出的人类文明新形态，其最终目的是为了促进人的全面发展和人类共同发展，它超越了资本主义文明服务于少数人利益的狭隘性，展现出以人民为中心的发展理念和价值追求。中国共产党紧紧依靠人民创造历史，坚持全心全意为人民服务的根本宗旨，站稳人民立场，贯彻党的群众路线，尊重人民首创精神，践行以人民为中心的发展思想，发展全过程人民民主，维护社会公平正义，着力解决发展不平衡不充分问题和人民群众急难愁盼问题，始终同人民想在一起、站在一起、干在一起，推动人的全面发展、全体人民共同富裕，真正体现了人类文明的价值关怀。

为世界谋大同，始终关注人类前途命运

远观未来，中国共产党为世界谋大同，始终关注人类前途命运，同世界上一切进步力量携手前进，中国始终是世界和平的建设者、全球发展的贡献者、国际秩序的维护者。中国共产党向来弘扬和平、发展、公平、正义、民主、自由的全人类共同价值。习近平总书记指出，"领导干部要胸怀两个大局，一个是中华民族伟大复兴的战略全局，一个是世界百年未有之大变局，这是我们谋划工作的基本出

发点"。

　　大道不孤，天下一家。中国特色社会主义创造的人类文明新形态不仅对于解决中国问题行之有效，而且为解决世界难题提供了中国智慧和中国方案，具有深远的世界意义。世界多国政党政府领导人和友好人士纷纷对中国共产党百年华诞表示祝贺，认为中国共产党是"人类建设均衡国际秩序、文明和平共处的重要力量"。通往文明的道路是开放的、包容的，中国特色社会主义所创造的人类文明新形态给世界上那些既希望加快发展又希望保持自身独立性的国家和民族提供了全新选择。文明因多样而交流，因交流而互鉴，因互鉴而发展。尊重世界文明多样性，以文明交流超越文明隔阂、文明互鉴超越文明冲突、文明共存超越文明优越。中国共产党将继续带领中国人民推动建设新型国际关系，推动构建人类命运共同体，推动共建"一带一路"高质量发展，以中国的新发展为世界提供新机遇。

　　"历史、现实、未来是相通的。历史是过去的现实，现实是未来的历史。"中国共产党的百年历史，正是探索和创造人类文明新形态的历史。中国特色社会主义所创造的人类文明新形态，立足于党领导人民的革命、建设、改革的伟大实践，立根于以人民为中心的价值追求，立志于民胞物与、天下大同的世界情怀，具有生机盎然的生命力和新益求新的创新力。

　　"五色交辉，相得益彰；八音合奏，终和且平。"今日之中国，不仅是中国之中国，而且是世界之中国。中华民族伟大复兴进入不可逆转的历史进程，人类文明发展进程也必将随之熠熠生辉。在新的征程上，中国共产党将坚持把马克思主义基本原理同中国具体实际相结合、同中华优秀传统文化相结合，朝着构建人类命运共同体方向不断迈进，继续创造能给所有人以幸福的人类文明新形态，开辟人类文明发展的新道路。

《解放军报》（2021年09月17日第07版）

何为人类文明新形态

创造人类文明新形态的中国道路

臧峰宇

习近平总书记在庆祝中国共产党成立 100 周年大会上的重要讲话中指出:"我们坚持和发展中国特色社会主义,推动物质文明、政治文明、精神文明、社会文明、生态文明协调发展,创造了中国式现代化新道路,创造了人类文明新形态。"百年来,我们党团结带领人民通过新民主主义革命、社会主义革命和建设、改革开放和社会主义现代化建设,实现了从站起来、富起来到强起来的伟大飞跃,创造了新时代中国特色社会主义的伟大成就,中华民族伟大复兴进入不可逆转的历史进程。走自己的路,是我们党百年奋斗得出的历史结论,是党的全部理论和实践的立足点。

中国现代化道路深刻影响了人类文明进程,为发展中国家实现现代化提供了新选择。这条道路是我们党带领人民在艰苦卓绝的历史性实践中开辟出来的，是历史和人民的选择，是实现社会主义现代化和满足人民对美好生活需要的必由之路。实现中华民族伟大复兴，必须坚持道路自信，深刻认识到这条道路体现了我们党百年奋斗征程的历史逻辑、理论逻辑和实践逻辑。正是因为坚持和发展中国特色社会主义道路，社会主义现代化建设取得举世瞩目的成就，中国日益走近世界舞台的中央，向世界展现了"一个政治上自由和经济上繁荣的中国"，展现了一个"文明先进的中国"。

中国现代化道路是顺应时代进步潮流和历史发展大势，以马克思主义为指导的中华民族的伟大复兴，彰显了社会主义制度的优越性，体现了中华民族的历史主体意识。正如习近平总书记所指出的："一百年来，中国共产党团结带领中国人民，以'为有牺牲多壮志，敢教日月换新天'的大无畏气概，书写了中华民族几千年历史上最恢宏的史诗。这一百年来开辟的伟大道路、创造的伟大事业、取得的伟大成就，必将载入中华民族发展史册、人类文明发展史册！"中国现代化道路体现了马克思主义基本原理同中国具体实际相结合、同中华优秀传统文化相结合的时代品格，其鲜明的特征具有世界意义。

这条道路是和平发展之路。和平与发展是时代的主题，走和平发展道路体现了中华优秀传统文化核心内容，体现了努力实现与各国互利共赢的价值理念，符合世界各国人民的共同愿望。新中国成立以来，我们坚持和平共处五项原则，在社会主义建设和改革开放进程中实现和平崛起。正是因为以解放和发展生产力为根本任务，不断完善社会主义市场经济体制，中国道路彰显了强大的内生动力。

秉持同舟共济、合作共赢的发展理念，努力建设一个持久和平、共同繁荣的和谐世界，中国特色社会主义事业开拓了新境界。

这条道路是共同富裕之路。实现共同富裕，是社会主义的本质要求，体现了我们党的初心和使命。中国现代化道路坚持"以人民为中心"的发展理念，百年来，我们党汇聚人民伟力，创造了举世瞩目的发展奇迹，全面建成小康社会，夺取脱贫攻坚战全面胜利。正是因为坚持公有制的主体地位，坚持和完善按劳分配为主体、多种分配方式并存的收入分配制度，将促进社会公平正义和增进人民福祉作为全面深化改革的出发点和落脚点，将人民对美好生活的向往作为我们的奋斗目标，中国经济社会实现了高质量发展。

这条道路是文明进步之路。人类文明史是多元文明相互促进的历史，文明是多彩的，也是平等和包容的。在新时代，我们党统筹推进"五位一体"总体布局，实现了物质文明、政治文明、精神文明、社会文明、生态文明协调发展，体现了文明发展的总体性，拓展了发展中国家走向现代化的途径。正是因为承认和尊重文明的多样性，秉持共商共建共享的全球治理观，推动多元文明交流互鉴，努力弘扬全人类共同价值，倡导构建人类命运共同体，中国特色社会主义文化发展呈现出悠远绵长的力量，为人类开创美好未来提供了中国方案。

道路决定党的命脉、国家前途、民族命运、人民幸福。百年来，我们党带领人民书写了中华文明史的现代篇章，在中国现代化道路上塑造了中华文明的新征程，在不懈奋斗中展现了中华民族伟大复兴的光明前景。在这条道路上形成了一种新文明观，实现了中华优秀传统文化的创造性转化与创新性发展，深刻回答了人类文明向何处去的重大时代问题。这种新文明观体现了马克思主义哲学的时代精神，在现代化进程中赓续五千年中华民族的精神血脉，为中国式现代化实践提供深厚的思想滋养，使昂首屹立于世界东方的中华文明以更开放的姿态走向世界，在完善全球治理体系的实践中持续绽放璀璨的思想光芒。

《光明日报》（2021年07月20日第02版）

何为人类文明新形态

人类文明新形态的中国宣言

刘水静　沈壮海

文明，是人类历史发展至高级阶段的产物。经过漫长的积淀与演化，数千年前，人类告别野蛮时代，踏上文明征程。在此进程中，人类文明的形态从来不是单一的，而是多彩的；文明的发展也从来不是单线的，而是多样的。在人类创造的璀璨文明星河中，中华文明历经5000多年风雨始终传承不坠、历久弥新，为人类社会进步作出了不可磨灭的贡献。在百年征程中，中国共产党团结带领中国人民，立志于千秋伟业，书写了中华民族几千年历史上最恢宏的史诗，铸就了人类文明发展史上的不朽传奇。

习近平总书记在庆祝中国共产党成立100周年大会上指出："我们坚持和发展中国特色社会主义，推动物质文明、政治文明、精神文明、社会文明、生态文明协调发展，创造了中国式现代化新道路，创造了人类文明新形态。"这一科学论断，立足人类社会发展与文明演进的历史大局、时代大势，发出了人类文明新形态的中国宣言。人类文明新形态，是中国特色社会主义的文明形态。这一崭新文明形态，不是简单延续我国历史文化的母版，不是简单套用马克思主义经典作家设想的模板，不是其他国家社会主义实践的再版，也不是国外现代化发展的翻版，而是中国共产党团结带领中国人民在充分吸纳包括历史上中华文明在内的人类一切优秀文明成果基础上的崭新创造，丰富了人类对文明发展的规律性认识，拓宽了人类文明迈向现代化的路径选择，为促进世界文明进步贡献了中国智慧和中国方案。

我们所创造的人类文明新形态，是对中华民族伟大文明传统的现代承续和创新发展。中华民族是一个具有高度文明自觉的伟大民族。历史长河中，中华民族创造的灿烂文明始终屹立人类文明发展潮头，永续不绝、创化日新。除中华文明外，还没有哪个原生文明同样经受住了历史的种种磨难和考验而延续至今。生生不息、薪火相传的伟大文明传统，积淀着中华民族最深沉的精神追求，是中华民族从容应对一切惊涛骇浪的充沛精神底气、丰厚智慧滋养与不竭力量源泉。正是基于这一伟大文明传统，中国共产党带领中国人民以高度的自觉自信和坚实的底气定力，探索开辟了中国式现代化新道路，创造了中国特色社会主义的文明新形态。这一文明新形态，是对5000多年中华文明传统的传承与发展，代表着历史悠久的中华文明在新时代达至的新境界、呈现的新气象。

历史与实践充分证明，"现代化"不等于"西方化"，那种抛弃传统、丢掉根本、完全照搬他国现代化模式的做法，都是削足适履，不可能行得通；那种把自身现代化经验视为"普世真理"，认为现代化模式"只此一家，别无分店"，热衷价值观输出，试图在破坏他国文明传统基础上"复制"自己模式的做法，同样不可能走得通。我们所创造的人类文明新形态启示世人，只要珍视民族传统，立足自身国情，坚持守正创新，每一个国家和民族都可以成功找到实现自身文明现代化的通衢大道。

我们所创造的人类文明新形态，是中国共产党不懈推进马克思主义中国化时代化的产物。这一人类文明新形态，本质上是社会主义的文明形态，而不是其他什么主义的文明形态。马克思主义是这一崭新文明形态的根本指导思想，并为其确立了牢固的科学依据。作为深刻揭示人类社会发展规律的科学理论，马克思主义极大推进了人类文明发展进程，正如习近平总书记所指出，这一理论"照亮了人类探索历史规律和寻求自身解放的道路"。正是在马克思主义指引下，中国共产党人在百年探索中找到了推动中华文明成功迈向现代化的正确路径。

同时，马克思主义是不断发展的开放的理论，坚持马克思主义与发展马克思主义是相互统一的。我们所创造的人类文明新形态，不是把马克思主义教条化而绘制出的文明"摹本"，而是百年来一代代中国共产党人把马克思主义基本原理同中国具体实际相结合、同中华优秀传统文化相结合，不断推进马克思主义中国化时代化，用与时俱进的中国化马克思主义理论成果指导不断发展的中国现代化实践所创作的文明"原本"。习近平新时代中国特色社会主义思想是马克思主义中国化时代化最新成果，是当代中国马克思主义、21世纪马克思主义，是我们创造人类文明新形态的宝贵指南。

我们所创造的人类文明新形态，是中国共产党团结带领中国人民在英勇顽强的伟大奋斗中创造的文明奇迹。人类文明的发展从来不是一帆风顺的。在民族危机与文明危机交织叠加的近代中国，面对西方强势文明的侵袭和挑战，中华民族探求文明现代化的历程尤为艰辛。历经种种尝试，付出无数牺牲，直至马克思主义传入中国，中国共产党应运而生，中国人民和中华民族才有了科学理论的指引，才有了先进政党的领导，中华民族和中华文明的前途命运才得以深刻改变。一百年来，中国共产党团结带领中国人民上下求索，不懈奋斗，创造了一个个彪炳人类史册的文明发展奇迹。中国共产党成立后，在28年的血火淬炼中领导中国人民开辟了不同于西方和苏俄的中国革命新道路，取得了新民主主义革命伟大胜利，建立了人民当家作主的新中国。在70余年的执政兴国实践中，党领导人民开创了不同于其他国家和民族的中国式现代化新道路，创造了经济快速发展和社会长期稳定两大奇迹。经过长期奋斗，新时代的中国人民在中华大地上全面建成了小康社会，实现了憧憬千年的美好梦想，创造了人类反贫困斗争史上前无古人的壮举。

习近平总书记豪迈指出："在人类文明发展史上，除了中国特色社会主义制度和国家治理体系外，没有任何一种国家制度和国家治理体系能够在这样短的历史时期内创造出我国取得的经济快速发展、社会长期稳定这样的奇迹。"而今，中华大地山河锦绣，民族复兴光明在望。中国共产党领导中国人民在百年奋斗中取得的辉煌文明成就，永载中华民族发展史册和人类文明进步史册，是中国共产党领导开创的人类文明新形态的充分印证。

我们所创造的人类文明新形态，是物质文明、政治文明、精神文明、社会文明、生态文明整体推进、全面发展的文明形态。中华民族历经百年奋斗取得的文明成就，不是某一局部领域的发展，而是包括经济、政治、文化、社会、生态诸领域在内的深层次变革、整体性进步。在经济领域，我们坚持和完善公有制为主体、多种所有制经济共同发展的基本经济制度，推动经济高质量发展，把我国建设成为经济总量世界第二、进出口总额世界第一的经济大国，创造了先进的物质文明。在政治领域，我们坚持和完善人民当家作主的制度体系，坚持党的领导、人民当家作主、依法治国有机统一，发展中国特色社会主义民主政治，创造了维护人民根本利益最广泛、最真实、最管用的政治文明。在文化领域，我们不忘本来、吸收外来、面向未来，发展社会主义先进文化，繁荣社会主义文艺，推动文化事业和文化产业发展，创造了具有高度文化自信的精神文明。在社会领域，我们持续提高保障和改善民生水平，不断满足人民日益增长的美好生活需要，加强和创新社会治理，保持社会稳定、维护国家安全，创造了不断促进人的自由全面发展的社会文明。在生态领域，我们坚持和完善生态文明制度体系，坚定走生产发展、生活富裕、生态良好的文明发展道路，建设美丽中国，创造了旨在实现人与自然和谐共生的生态文明。可以说，经济、政治、文化、社会、生态文明建设全面推进，是我们所创造的人类文明新形态的鲜明特征。

这一人类文明新形态，是中国共产党领导中国人民在社会主义现代化建设的实践中逐步形成、不断发展的。前进道路上，我们要统筹推进"五位一体"总体布局、协调推进"四个全面"战略布局，立足新发展阶段，贯彻新发展理念，构建新发展格局，努力把我国建设成为富强民主文明和谐美丽的社会主义现代化强国，实现中华民族与中华文明的伟大复兴。

我们所创造的人类文明新形态，彰显着人民至上的鲜明立场和价值追求。人民是历史的创造者，是真正的英雄。古今中外的历史事实充分证明，人民是推动人类文明进步的决定性力量，离开了人民的拥护、支持和参与，任何政党或集团都不可能立下傲世勋业。中国共产党是以马克思主义为指导的无产阶级政党，根基在人民、血脉在人民、力量在人民。从成立之日起，中国共产党就始终把人民放在心中最高位置，为人民而生、因人民而兴，是全心全意为人民服务的政党。正如习近平总书记深刻指出的："中国共产党始终代表最广大人民根本利益，与人民休戚与共、生死相依，没有任何自己特殊的利益，从来不代表任何利益集团、任何权势团体、任何特权阶层的利益。"一百年来，中国共产党始终坚持为中国人民谋幸福、为中华民族谋复兴的初心使命，始终坚持依靠人民创造历史伟业，最终领导中国人民成功铸就了推动中华文明发展进步的宏图伟业。

社会发展永无止境，人民对美好生活的向往与时而新。新时代中国共产党人团结带领中国人民在全面建成小康社会、实现第一个百年奋斗目标基础上，把进一步"实现人的全面发展和全体人民共同富裕"作为新的奋斗目标，带领中国人民继往开来，迈进全面建设社会主义现代化国家新征程。中国共产党领导开创的人类文明新形态，体现着以人民为中心的鲜明价值立场。这一崭新文明形态深刻启示我们，文明的发展从来不是为少数人谋私利，而是服务于大多数人的共同利益，各个国家和民族在推动文明现代化过程中，都应坚持发展依靠人民、发展服务人民，助益人民的自由全面发展，助益文明的共同进步。

我们所创造的人类文明新形态，体现了开放包容、命运与共的天下情怀。"物之不齐，物之情也。"在自然世界里，生物多样性是确保生态和谐的重要因素，在人类社会中，文明多样性是推动文明进步的重要动力。中国共产党领导中国人民开创的人类文明新形态，就是秉持"美人之美，美美与共"的理念，充分尊重人类文明多样性，积极倡导文明对话与文明互鉴，充分汲取、转化人类文明一切有益成果的产物。当代中国以自身成功开创的人类文明新形态证明，文明是平等的、开放的，不同文明在现代化进程中是可以互学互鉴、互利共赢的。那种认为不同文明之间相互冲突、彼此对立的观点是错误的，一种文明的发展，给其他文明带来的并非生存"威胁"，而是发展"机遇"。"文明冲突"的观点、"国强必霸"的逻辑，既不符合历来崇尚"和而不同""天下大同"的中华文明精神特质，亦不顺应世界各国人民求和平、谋发展、促合作、图共赢的共同期盼。历史与现实告诉我们，各国人民只要秉持包容精神，就不存在什么"文明冲突"，就可以实现文明和谐。

面对世界百年未有之大变局，着眼中华民族伟大复兴战略全局，我们要积极阐扬人类命运共同体理念，积极弘扬和平、发展、公平、正义、民主、自由的全人类共同价值，倡导多边主义，反对霸权主义，倡导文明、开放、对话、进步，反对野蛮、封闭、孤立、倒退，继续做世界和平的建设者、全球发展的贡献者、国际秩序的维护者，为推动人类文明进步作出新的更大贡献。

中华民族和中华文明百年发展的辉煌成就雄辩证明，中国共产党是始终坚守真理、心系人民、具有高度文明自觉意识与文明自信心态的政党。没有中国共产党，就没有新中国，就没有中国特色社会主义，就没有中华民族伟大复兴。在新征程中，我们要进一步增强"四个意识"、坚定"四个自信"、做到"两个维护"，更加紧密地团结在以习近平同志为核心的党中央周围，沿着中国式现代化新道路砥砺奋进，把人类文明新形态发扬光大。

《光明日报》（2021年08月06日第11版）

何为人类文明新形态

中国式现代化开创人类文明新形态

董志勇

习近平总书记在庆祝中国共产党成立 100 周年大会上指出:"我们坚持和发展中国特色社会主义,推动物质文明、政治文明、精神文明、社会文明、生态文明协调发展,创造了中国式现代化新道路,创造了人类文明新形态。"这为我们理解和剖析中国式现代化提供了一个"文明新形态"的崭新视角。中国式现代化是一场文明延续、迭代与创新的巨变,它不仅集中刻画了中华五千年文明赓续的特殊规律,更在多个维度上探寻着人类文明特别是发展中国家、后起国家文明复兴的普遍规律,以及不同文明在同一时空环境下交融互鉴的普遍格局。

首先,中国式现代化植根于文明的传承与创造。中国式现代化新道路的开辟,来源于历史、现实、未来三个维度的同频共振。中华优秀传统文化的深厚积淀,是中国式现代化根深叶茂的思想根基。从目标上看,中国传统文化的大同、小康等理念蕴含着祖先对良治善政的朴素期待,为中国式现代化提供了宏阔发展蓝图。从方式上看,中国式现代化延续了中华民族的集体主义传统,体现在社会主义集中力量办大事的制度优势。从社会共识上看,在中国式现代化特别是经济现代化的过程中,中华民族义利并重、推己及人的道德观念充当了社会转型的稳定器,为资源重组和利益协调提供了必要的社会舆论支撑。

世界文明交流互鉴的时代潮流,是中国式现代化植根的现实背景。中国式现代化的起步和跃升,仍处于西方发达资本主义国家主导的文明秩序之中,中国在全球价值循环中的长期劣势即是"中心—边缘"文明格局观在经济领域的延续。然而,这种秩序的维护也给发达资本主义国家带来了高昂成本,产业的向外转移造成了其内部产业格局的"空心化"和贫富差距的悬殊,引发了严重的社会矛盾,为新的文明秩序形成提供了必要性和可能性。中国作为世界第二大经济体,其未来的发展趋向和模式必将影响更大范围的经济局势,这要求中国必须承担起相应的国际责任,以自身的现代化推动全球化向互利共生的方向发展。

人类文明新形态的伟大创造,是中国式现代化所预示的发展前景。中国的现代化进程最初是通过学习西方资本主义和苏联式社会主义展开的,但在充分认识中国国情、深刻总结实践教训后,中国共产党人最终选择了一种全新的发展模式,开拓出一条中国式现代化道路,并在一定程度上预示了未来文明演替的良性轨道。在纵向维度上，中国式现代化反映了文明变迁的动态性，它以社会主要矛盾的变化为突破口，将自上而下的制度设计和自下而上的实践探索相结合；在横向维度上，中国式现代化反映了文明变迁的包容性，它以开放的姿态"学习借鉴人类文明的一切有益成果"，形成了市场配置与宏观调控相结合、公有制经济与非公经济相促进、个体利益与集体利益相协调、增量改革与存量调整相统一的复合形态，在兼收并蓄中实现了自身的相对稳定。

其次，中国式现代化展现了文明的价值与意涵。"独特的文化传统，独特的历史命运，独特的基本国情，注定了我们必然要走适合自己特点的发展道路。"中国式现代化是中国共产党领导中国人民实现政治、经济、文化、社会等全方位转型的典型路径和模式，其基本特征体现了文明的五大价值追求。

中国式现代化是人口规模巨大的现代化，体现了文明的整体性价值。人口规模巨大是中国式现代化面临的基本国情，也一度成为现代化起步的严峻压力。但中国式现代化将庞大的人口体量视为一个密切合作的整体，坚持将有限的资源配置在重点行业和关键领域，突破了后起文明的临界最小努力，也规避了资本主义文明一盘散沙、相互掣肘的局面，实现了"用几十年时间走完了发达国家几百年走过的工业化历程"的历史性成就。

中国式现代化是全体人民共同富裕的现代化，体现了文明的普惠性价值。"中国共产党一经诞生，就把为中国人民谋幸福、为中华民族谋复兴确立为自己的初心使命。"党的十八大以来，以"精准扶贫""精准脱贫"为代表的总体战略及区域性扶贫战略持续推进，至

2020年年底，最终实现近1亿人口脱贫、832个贫困县摘帽的重大胜利，占同期全球减贫人口的70%以上。中国式现代化以实际成效证明了文明向更高层次的发展与普惠之间并非矛盾的，而是兼容和相互促进的。

中国式现代化是物质文明和精神文明相协调的现代化，体现了文明的协调性价值。随着全面建成小康社会的第一个百年奋斗目标的实现，我国物质文明建设取得了历史性成就，注定要求更高质量、更深层次的精神文明与之配套。具体到哲学社会科学的发展而言，就要"在指导思想、学科体系、学术体系、话语体系等方面充分体现中国特色、中国风格、中国气派"，以新思想、新方法、新理念助推中国式现代化的未来实践，形成物质文明与精神文明相互协调、彼此促进的良性循环。

中国式现代化是人与自然和谐共生的现代化，体现了文明的持续性价值。在现代化浪潮中，因资源枯竭、生态崩溃引发的灾害、战争、移民不胜枚举。中国式现代化所倡导的人与自然和谐共生的发展道路，正是力图跳出"污染—治理"的循环怪圈，将生态文明建设纳入现代化的全过程和各方面，构建自然与社会福利双赢的文明新形态。

中国式现代化是走和平发展道路的现代化，体现了文明的包容性价值。中国式现代化从一开始就选择了包容性的发展路线，通过扩大开放、利用自身劳动力禀赋、引进外资等形式放松资源约束，将自身内嵌于全球分工体系和价值循环之中。随着本国综合国力的提升，中国进一步致力于构建包容性的发展规则和秩序，打破发达

何为人类文明新形态

国家对全球既有利益格局的垄断和固化,使国际规则从牟取特定国家或集团私利的俱乐部产品转化为公共产品,在长期的和平博弈中增强经济发展的包容性和普惠性。

  中国式现代化新道路从多个层面开创了社会主义文明新形态。在未来相当长的时期里,中国式现代化不仅将助力本国经济的行稳致远和人民的福利改善,还将为创新全球治理体系、创造人类文明新形态作出新的历史贡献。

    《光明日报》(2021年08月09日第02版)

人类文明新形态的道路基石

颜晓峰

实现社会主义现代化，建设社会主义文明，是新中国成立后我们党的不懈追求。习近平总书记在"七一"重要讲话中指出："我们坚持和发展中国特色社会主义，推动物质文明、政治文明、精神文明、社会文明、生态文明协调发展，创造了中国式现代化新道路，创造了人类文明新形态。"中国式现代化新道路与人类文明新形态，二者密切相关、相辅相成。中国式现代化新道路是人类文明新形态的道路基石，人类文明新形态是中国式现代化新道路的实践成果。

坚持和发展中国特色社会主义的"两大创造"

党的十一届三中全会后，党带领人民进入改革开放和社会主义现代化建设新时期。邓小平同志明确提出"中国式现代化"的构想和要求后，几代中国共产党人进行了持续探索。习近平总书记在党的十九届五中全会上特别强调了五点："我国现代化是人口规模巨大的现代化，是全体人民共同富裕的现代化，是物质文明和精神文明相协调的现代化，是人与自然和谐共生的现代化，是走和平发展道路的现代化。"这是具有中国特色、符合中国实际的现代化，是我国现代化建设必须坚持的方向。中国式现代化新道路，没有沿袭西方资本主义的现代化道路，没有照搬苏联等其他社会主义国家的现代化道路，而是在我国社会主义现代化建设进程中不断拓展完善，为广大发展中国家实现现代化提供了中国方案。这条道路就是中国特色社会主义现代化道路。

人类文明经历了从低级到高级、从简单到复杂、从落后到进步的演进过程，社会形态的更替实际上也是文明形态的更替。社会主义文明是建立在人类文明全部成果基础上，超越资本主义文明的新型文明。改革开放以来，从物质文明和精神文明建设两手抓、两手硬，到把物质文明、政治文明、精神文明、社会文明、生态文明全面提升作为全面建成社会主义现代化强国的重要目标，表明了中国特色社会主义文明建设的发展提高。我们创造的人类文明新形态，从世界文明形态看是东方文明、中华文明的新形态，从现代化形态看是社会主义现代化文明的新形态，从文化形态看是中国特色社会主义文化的新形态，从人的形态看是人的全面发展的新形态。这一人类文明新形态，已经取得了很大进展，在全面建设社会主义现代化国家新征程中也必将日臻巩固成熟。

无论是中国式现代化新道路，还是人类文明新形态，都是发展中国特色社会主义的产物，都要从中国特色社会主义的本质内涵和显著优势中找到根源和根据。中国式现代化新道路，是中国特色社会主义道路的具体形式，是建设什么样的社会主义、怎样建设社会主义在现代化道路上的探索成果，是新时代坚持和发展中国特色社会主义的创新实践。中国特色社会主义最本质的特征决定了中国式现代化新道路最本质的特征，中国特色社会主义制度的最大优势保证了中国式现代化新道路的最大优势，中国特色社会主义的价值准则规定了中国式现代化新道路的价值准则。人类文明新形态，是在中国特色社会主义的创立和发展进程中呈现出来的，是在中国特色社会主义道路、理论、制度、文化的支撑下生长起来的，是在中国特色社会主义各领域全方位建设实践中巩固完善的，是在社会主义现代化的文明新形态中彰显优势的，显示出中国特色社会主义文明的独特本质。人类文明新形态的道路基石，从根本上说是中国特色社会主义，直接的实现路径是中国式现代化新道路。

人类文明新形态依靠中国式现代化新道路

文明形态的产生、发展和更替，是生产力发展、技术变革的产物，更关键的是制度变迁的结果。一定的社会制度展开和实现为该社会的发展道路，不同的道路导致不同的文明形态。近代以来，中国人民在历史的比较中选择了建立社会主义制度、走社会主义道路救中国。因此，在中国共产党领导下的新中国，必然建设的是社会主义文明形态，也就是中国人民和中华民族站起来，改变一穷二白面貌，消灭旧中国丑陋现象，展现社会主义风貌的新中国新社会文明。一些殖民地国家在独立后效法西方，走上资本主义道路，只能成为西方资本主义文明的附庸，民族发展付出了很大代价。历史表明，文明形态的性质和状况，决定于该国家社会制度及其发展道路的性质和状况。在中国创造人类文明新形态，取决于中国特色社会主义制度以及中国式现代化新道路的性质和状况。

在文明的历史进程中，随着资本主义驱动的世界现代化潮流，形成了现代化文明。现代化文明表明了文明演进的新阶段，是在社会基本矛盾运动中，在社会生产方式变革中，在社会经济形态转变中出现的文明阶段。社会主义现代化文明是在资本主义创造的现代化文明基础上，在对其汲取、批判和改造的过程中，在社会主义国家的建设和探索中，特别是在中国共产党人的持续追求中，逐步形成、发展、完善的，这是创造人与自然、人与人、人与社会新关系的社会主义现代化文明新形态。这一人类文明新形态，是中国式现代化新道路合规律性发展的结果。

物质文明、政治文明、精神文明、社会文明、生态文明，是现代化文明的主要领域。资本主义文明在发展过程中，由于资本主义制度的深层局限和内在矛盾，这些领域不可能协调发展，造成了资本与劳动的对立，物的世界与人的世界的分裂，生产与生态的冲突，物质领域的文明成就往往是以其他领域文明的丧失或沉沦为代价，并酿成资本主义社会发展危机。我们党在领导和推动中国特色社会主义事业过程中，把资本主义现代化过程中付出的巨大代价作为教训，充分发挥社会主义的政治优势和制度优势，逐步形成经济、政治、文化、社会、生态文明建设的"五位一体"总体布局和社会主义五大文明建设领域。五大文明协调发展，构成了社会主义现代化文明的总体形态，这只有坚持中国式现代化新道路才有可能实现。

中国式现代化新道路筑基人类文明新形态

创造以人民为中心的现代化文明。资本主义现代化文明是以资本为中心的文明，是资本的运动、资本的力量、资本的逻辑为资产阶级创造了一个新世界。中国式现代化新道路坚持以人民为中心，以满足人民日益增长的美好生活需要为根本目的，始终使人民作为全面建设社会主义现代化国家的创造主体、获得主体、共享主体。中国共产党"没有任何自己特殊的利益，从来不代表任何利益集团、任何权势团体、任何特权阶层的利益"，这就保证了社会主义现代化的全部成果属于"人口规模巨大"的中国人民。

创造共同富裕的现代化文明。资本主义现代化虽然创造了巨大的物质财富，但却是财产收入悬殊、两极分化严重的社会，频繁出现经济社会政治危机。习近平总书记指出："共同富裕本身就是社会主义现代化的一个重要目标。"中国式现代化新道路在脱贫攻坚取得全面胜利的基础上，确立了全体人民共同富裕取得更为明显的实质性进展的新目标。共同富裕是以人民为中心最为实际的证明，只有共同富裕的现代化才称得上是社会主义现代化。社会主义物质文明既要体现在创造出高度发展的生产力和积累丰厚的社会财富上，更要体现在扎实推动共同富裕上。

创造统筹协调的现代化文明。中国式现代化新道路，建设的是全面发展、系统协调的现代化。全面建设社会主义现代化国家，第一位的要求是全面，全面就是要使现代化的发展全面，使现代化的系统协调，促使各个领域的文明建设相互配合、相互促进，每个领域的文明建设都为其他领域的文明建设提供有利条件，又都以其他领域的文明建设为条件，"一个都不能少""一个都不能短"。统筹推进"五位一体"总体布局，协调推进"四个全面"战略布局，坚持系统观念，实现发展质量、结构、规模、速度、效益、安全相统一，同步推进经济社会现代化和国家治理现代化，统筹发展和安全，等等，都是社会主义现代化文明新形态的显著优势。

创造高质量发展的现代化文明。中国式现代化新道路，新就新在由高速增长转向高质量发展。全面建设社会主义现代化国家，从开局起步就是经济社会发展以推动高质量发展为主题，是高起点的高质量发展。高质量发展是人类文明新形态的鲜明特色，是创新成为第一动力、协调成为内生特点、绿色成为普遍形态、开放成为必由之路、共享成为根本目的的发展。高质量发展本身就是从技术到治理、从经济到社会、从经济体系现代化到人的现代化的一场深刻变革。这场质量变革、效率变革、动力变革，既创造出高质量发展的成果，也塑造出高质量发展的文明。

创造和平发展的现代化文明。一些老牌资本主义国家走的是暴力掠夺殖民地的道路，是以其他国家发展停滞落后为代价的现代化。中国式现代化新道路，是走和平发展道路，在构建人类命运共同体的进程中建成社会主义现代化国家。这不仅符合世界各国的发展利益，也是中国实现现代化的必然要求。全面建设社会主义现代化国家，与构建人类命运共同体同行共存。走和平发展道路，构建人类命运共同体，正是为全面建成社会主义现代化国家创造新型国际关系和良好国际环境。

创造坚持党的领导和中国特色社会主义制度的现代化文明。中国式现代化新道路有许多重要特征，中国共产党领导是这条新道路的最本质特征；中国式现代化新道路有许多显著优势，中国共产党领导是这条新道路的最大优势。充分发挥中国共产党领导的政治优势和制度优势，我们才能够有效避免资本主义现代化文明的弊端和危害，建设走在时代前列的社会主义现代化文明。党的领导代表了全体中国人民在现代化建设中的根本利益，党的性质和宗旨保证共同富裕的现代化目标，党的总揽全局、协调各方的领导核心作用保证了现代化各个领域的协调发展，党的人类命运共同体视野和胸怀决定了坚持和平发展实现现代化。中国特色社会主义制度是在党的领导下，通过各项根本制度、基本制度、重要制度的建设完善和贯彻执行，使得中国式现代化新道路的内涵能够充分展现，优势能够充分发挥。党的领导和中国制度既是人类文明新形态的保证，也是人类文明新形态的内容。

全面建设社会主义现代化国家的必由之路

创造中国式现代化新道路，创造人类文明新形态，我们取得了很大成就，作出了很大贡献，但还不是完成时，是正在进行时，仍然任重道远。我们全面建成了小康社会，正在向着全面建成社会主义现代化强国的奋斗目标迈进。全面建设社会主义现代化国家，是人类历史的伟大创举，是科学社会主义在21世纪的伟大创新，必将建设出更加符合中国实际、更加符合社会主义现代化规律、更加造福人民的中国式现代化新道路,必将建设出更加丰富、更加先进、更高质量的人类文明新形态。

全面建设社会主义现代化国家,从世界历史和社会主义发展史的坐标看,这是在世界现代化几百年的历程中,在主要资本主义国家现代化进程已经完成的基础上,建成一个前所未有的社会主义现代化国家,这是中国共产党对科学社会主义的最重要贡献。从当代世界的坐标看,这是在广大发展中国家追求现代化的艰难起飞中,从中国国情出发开辟的一条新路,从而给世界上那些既希望加快发展又希望保持自身独立性的国家和民族提供全新选择。中国式现代化新道路不仅是自己的道路,而且具有世界意义;不仅具有中国特色,而且反映世界趋势。正如习近平总书记所指出的:"实践表明,中国式现代化新道路越走越宽广,将更好发展自身、造福世界。"从中华文明发展的坐标看,这是基于和融入中华优秀传统文化,坚持中国式现代化新道路、开创人类文明新形态的独立探索,是马克思主义经典作家关于社会主义现代化的思想与中国共产党的创造实践相结合的产物,既不是苏联模式也不是西方模式,而是开创了中国特色社会主义现代化道路。从我国改革开放和社会主义现代化建设、新时代中国特色社会主义历程的坐标看,这是从摆脱贫困、总体小康、全面小康到全面现代化的历史跨越,从"四个现代化"到全面现代化的时代跃升,是伟大社会革命的新进展、社会主义现代化建设的新高度。

在全面建设社会主义现代化国家的新征程中,要深入推进中国

人类文明新形态的道路基石

式现代化新道路与人类文明新形态的相互促进、相互转化。创造中国式现代化新道路,是在创造人类文明新形态的实践成果中得到实现、检验和发展的。到2035年基本实现现代化,再到本世纪中叶把我国建成富强民主文明和谐美丽的社会主义现代化强国,实现中华民族伟大复兴的中国梦,就是走自己的路全面建成社会主义现代化强国的成功证明。中国式现代化新道路在新的伟大斗争中巩固、在新的重大攻坚中完善、在新的实践创造中提高。坚持和发展这条道路,人类文明新形态必将在人类社会的历史进程中,展现其更加强大的信服力、感召力、引领力。

《光明日报》(2021年08月18日第06版)

何为人类文明新形态

中国式现代化道路创造人类文明新形态

闫 薇

党的十九届六中全会审议通过的《中共中央关于党的百年奋斗重大成就和历史经验的决议》强调:"党领导人民成功走出中国式现代化道路,创造了人类文明新形态。"人类文明新形态既是中国共产党百年发展的凝练,又是未来中国现代化发展的指向,具有重要的理论与实践意义。

一

中国式现代化道路是对百年未有之大变局的有力回应。在当今经济全球化时代,世界形势风云诡谲,变幻莫测。由于新冠肺炎疫情冲击,全球供应链日趋裂解,单边主义、霸权主义势头渐盛,南北差距持续扩大，部分地区安全形势不容乐观。在西方"普世价值"话语业已破产的情势下，发展中国家如何去追求并实现现代化？这成为每一个发展中国家必须面对的严峻课题。中国式现代化道路以其辉煌的成就显著提升了中国的整体发展水平和国际地位，为全球发展与稳定贡献了中国智慧，因而可以鲜明而有说服力地回应这一时代课题。

中国式现代化道路是对中国人民艰辛探索历程的总结。自鸦片战争以来，历代仁人志士不屈不挠，探索能使中华民族实现伟大复兴的道路。洋务运动、戊戌变法、辛亥革命等，为了能使中国走向现代化、摆脱落后挨打的局面，先贤们尝试过各种道路，但最终都以失败告终。由此表明资产阶级的种种改良方案在中国大地上是行不通的。直到十月革命的一声炮响，马克思主义传入中国并诞生了中国共产党，中国才真正找到了一条正确的救亡图存之路。中国共产党把马克思主义基本原理同中国具体实际相结合、同中华优秀传统文化相结合，从浴血奋战、百折不挠，到自力更生、发愤图强，到解放思想、锐意进取，再到自信自强、守正创新，历经重重挫折与艰辛探索，带领中华民族迎来了一条从站起来、富起来到强起来的新路——中国式现代化道路。

中国式现代化道路是我们在未来必须坚持的正路。我们党百年历程中的重要经验之一是"坚持中国道路"。实践证明这是一条符合中国国情、体现民心民意的正确道路，具有深厚的历史底蕴和广泛的现实基础。沿着这条道路我们在现代化的进程中实现了历史性跨越，成功实现了全面建成小康社会的第一个百年奋斗目标。经过新中国 70 多年的持续探索和改革开放 40 多年来的伟大实践，中国式现代化道路已被实践证明是中华民族通往光明未来的康庄大道，我们必须坚定不移沿着这条道路走下去，让中国人民对美好生活的向往不断变为现实。

二

马克思主义文明观认为，文明是使人类脱离野蛮状态的所有社会行为和自然行为构成的集合。而人类这些社会行为与自然行为说到底，是"人的对象性活动"，即实践。人的全部社会生活"在本质上是实践的"，而物质生活的生产方式制约着整个社会生活。文明之变迁，实为生产方式之变迁，"手推磨产生的是封建主为首的社会，蒸汽机产生的是工业资本家为首的社会"。所以要说明人类文明形态之所以成立之根据，就必须到生产方式的变革中去探寻。

马克思认为资本主义开启了人类历史向世界历史的转变。由于地理大发现、资产阶级革命号角相继吹响，伴随着瓦特蒸汽机的呼啸，现代化大工业代替了工场手工业，而大工业又建立了由美洲的发现所准备好的世界市场，这反过来又促进了工业的扩展。由此可见，现代资产阶级本身是一个历经长期发展过程的产物，是生产方式和交换方式的一系列变革的产物。诚如列宁所指出的那样："资本主义的一般特性，就是资本的占有同资本在生产中的运用相分离，货币资本同工业资本或者说生产资本相分离。"据此标准，今日之跨国垄断资产阶级专政下的金融资本不仅将其推至"极大的程度"，而且在新冠肺炎疫情暴发后还深陷"印钞依赖症"，已将帝国主义的腐朽性暴露无遗。

在此意义上，从马克思主义唯物史观来看，社会形态的更替实际上也是文明形态的更替。今天，由中国共产党领导中国人民所开创出的人类文明新形态，正是向"两个必然"迈进中的实践成果，是历经改革开放的伟大历史实践所成就的社会主义现代化的文明形态，这一人类文明新形态的特质主要体现为——

坚持党的全面领导。中国特色社会主义最本质的特征是中国共产党领导，中国特色社会主义制度的最大优势是中国共产党领导。回顾党的百年历史可以看到，什么时候坚持党的全面领导，党和人民的事业就健康发展；什么时候弱化甚至放弃了党的全面领导，党和人民的事业就会受到挫折甚至失败。正是因为有了党的全面领导，我们才能成功走出中国式现代化道路，创造了人类文明新形态，拓展了发展中国家走向现代化的途径。

坚持走自己的路，建设中国特色社会主义。马克思主义之矢，要射中中国革命、建设和改革之的，离不开对中国具体实际的准确把握，离不开对中华优秀传统文化进行创造性转化、创新性发展。自改革开放以来，我们党深刻总结正反两方面历史经验，大胆创新，锐意改革，破除大锅饭的平均主义，大胆冲破"只有资本主义才能搞市场经济"的意识形态教条，逐渐形成了有利于激发社会活力的社会主义基本经济制度。实践证明，这一基本经济制度不仅有力地发挥了社会主义公有制的优越性，而且极大地调动了社会各个方面的积极性，让创造财富的源泉充分涌动。

实施最广泛、最真实、最管用的人民民主政治。为了真正落实

何为人类文明新形态

人民当家作主的要求,中国共产党带领中国人民建立了以人民代表大会制度为根本政治制度的制度安排。《中华人民共和国宪法》中明确规定"国家的一切权力属于人民"。自有阶级以来,除了社会主义的人民民主政治,尚未有任何"民主政治"真正实现了"主权在民"之要求。中国式现代化道路坚持发展人民民主,不仅有完整的制度程序,而且有完整的参与实践,是广泛、真实、管用的全过程人民民主。它不仅规避了西方民主政治导致的"游戏民主""选秀民主",更规避了"党同伐异""否决政治"的劣政运作,是不折不扣的最广泛、最真实、最管用的人民民主政治。

体现大国担当,扎实推进人类命运共同体建设。中国式现代化所取得的巨大成就本身就是对世界所作出的巨大贡献。因为同广大发展中国家一样,中国也曾饱受过帝国主义列强的压迫欺凌,所以不同于西方的对内盘剥、对外殖民扩张的现代化之路,中国一直致力于和平崛起,从来不称霸、不侵略、不干涉别国内政,不搞"长臂管辖"。今天的中国在世界舞台,正在努力谋求公正平等的世界格局,努力创造出一条人与自然和谐共生的绿色发展道路,努力成为世界历史中的一支具有重要影响力的力量。我们相信在可预见的未来,中国还将为世界作出越来越重要的贡献。

"千里之行,始于足下。"当代中国在探索人类文明新形态的伟大实践中取得了突出成就,在实现第二个百年奋斗目标的新征程上,我们仍然需要在中国共产党的领导下,基于中国发展的独特实践经验,征服各种艰难险关,沿着我们既定的中国式现代化道路坚定走下去。正如《决议》所指出的:"只要我们既不走封闭僵化的老路,也不走改旗易帜的邪路，坚定不移走中国特色社会主义道路，就一定能够把我国建设成为富强民主文明和谐美丽的社会主义现代化强国。"只要14亿多中国人拧成一股绳，锲而不舍走好中国式现代化道路，中华民族伟大复兴就一定能够实现。

《光明日报》(2021 年 12 月 06 日第 15 版)

人类文明新形态的
创新性价值和世界性贡献

杨 奎 刘 波

党的十九届六中全会指出,党的百年奋斗深刻影响了世界历史进程,党领导人民成功走出中国式现代化道路,创造了人类文明新形态,拓展了发展中国家走向现代化的途径。中国共产党所创造的人类文明新形态,是百年来中国共产党将马克思主义基本原理同中国具体实际相结合、同中华优秀传统文化相结合产生的伟大实践成果,是在不断传承和发展中华5000年文明的基础上,坚持古为今用、洋为中用、博采各方众长,独立自主创造出的一种人类文明新形态,是中国共产党团结带领中国人民在全面推进社会主义经济建设、政治建设、文化建设、社会建设和生态文明建设协调发展过程中逐渐摸索和创造出来的,蕴含着深厚、深刻、深邃的中国逻辑,具有鲜明的创新性，为世界文明发展提供了中国经验和中国智慧。

人类文明新形态的创新性价值

一种文明形态的产生、发展和更替是一定社会生产力发展、技术变革和社会制度变迁的产物。中国共产党百年来创造的人类文明新形态，是中国特色社会主义理论逻辑和实践逻辑的有机统一，具有鲜明的创新性。

百年来，中国共产党通过建立社会主义基本经济制度，完善中国特色社会主义经济体制和创新经济组织实现形式等，激发了社会活力，人民生活水平不断提高，仅用几十年时间就走完发达国家几百年走过的工业化历程，创造了经济快速发展和社会长期稳定两大奇迹。党的十八大以来，我国经济发展平衡性、协调性、可持续性明显增强，国家经济实力、科技实力、综合国力跃上新台阶，经济迈上更高质量、更有效率、更加公平、更可持续、更为安全的发展之路。中国共产党始终把促进全体人民共同富裕作为推进经济高质量发展的着力点，团结率领全国人民如期实现了第一个百年奋斗目标，全面建成小康社会，并乘势而上向着全面建成社会主义现代化强国的第二个百年奋斗目标迈进。

中国特色社会主义最本质的特征是中国共产党领导，中国特色社会主义制度的最大优势是中国共产党领导。这是一种深深扎根于中国社会土壤，各方面制度和国家治理更好体现人民意志、保障人民权益、激发人民创造的政治制度，克服了西方政治文明的先天缺陷和历史局限性，有效避免了党派倾轧、金钱政治、相互扯皮、利益分赃等问题。这种政治文明的巨大优势体现在集中力量办大事。党的十八大以来,党中央权威和集中统一领导得到有力保证,党的领导制度体系不断完善,党的领导方式更加科学,全党思想上更加统一、政治上更加团结、行动上更加一致,党的政治领导力、思想引领力、群众组织力、社会号召力显著增强。全过程人民民主得到积极发展,社会主义民主政治制度化、规范化、程序化全面推进,中国特色社会主义政治制度优越性得到更好发挥,生动活泼、安定团结的政治局面得到巩固和发展。

百年来中国共产党始终注重从中华文明的文化基因和自身发展逻辑出发,始终注重以马克思主义理论为根本指导,在充分挖掘中国本土文化资源的基础上,对包括西方文明在内的一切人类优秀文明成果进行全面吸收、不断加以借鉴和创造性应用。在此过程中,中华文明表现出强大的生命力,形成了独具特色、博大精深的中国特色社会主义文化。党的十八大以来,全党全国各族人民文化自信明显增强,全社会凝聚力和向心力极大提升,为新时代开创党和国家事业新局面提供了坚强思想保证和强大精神力量。

马克思从"个人与社会共同体的关系"出发,将人类社会划分为三种基本形态:权力支配型社会、资本支配型社会和自由人联合体社会。据此社会形态划分理论,中国共产党创造的人类文明新形态既不同于中国古代文明中的权力支配型社会、西方资本主义文明下的资本支配型社会,也不同于共产主义阶段才能完全抵达的"自由人联合体"社会,而是一种坚持以人民为中心,以共同富裕为目标,致力于推动人的全面发展和社会全面进步的社会文明新形态。

党的十八大以来，中国特色社会主义制度更加成熟更加定型，国家治理体系和治理能力现代化水平不断提高，人民生活全方位改善，社会治理社会化、法治化、智能化、专业化水平大幅度提升，人民安居乐业、社会安定有序，续写了社会长期稳定的奇迹。

不同于以往工业文明习惯以牺牲环境为代价来追求经济增长和社会发展，中国特色社会主义生态文明建设始终秉持创新、协调、绿色、开放、共享的发展理念，高度重视促进人与自然、人与社会的平衡、协调与可持续发展。"绿水青山就是金山银山"生动体现了人与自然和谐共生的理念，描绘了绿色、可持续发展的壮丽图景。党的十八大以来，以习近平同志为核心的党中央以前所未有的力度抓生态文明建设，美丽中国建设迈出重大步伐，我国生态环境保护事业发生历史性、转折性、全局性变化。美丽生态、美丽经济、美好生活，中国坚定走绿色发展之路，促进经济社会集约、绿色、协调和创新发展，生态文明建设取得显著成就，天更蓝了、水更绿了、山更青了、人民生活质量进一步提高。

人类文明新形态的世界性贡献

"坚持胸怀天下"，是百年来党领导人民进行伟大奋斗积累的一条宝贵历史经验。从马克思的世界历史理论视域考察，人类文明新形态既属于现在又属于未来，既属于中国又属于世界。中国共产党所创造的人类文明新形态，既立足于为中国人民谋幸福、为中华民族谋复兴，又着眼于为世界文明发展提供中国经验、中国方案、中国智慧和中国担当，大大增强了这种文明新形态的国际影响力和世界话语权。

为世界文明发展提供了中国经验。中国共产党百年来开辟中国式现代化道路的最大经验就是要独立自主走好自己的路。"鞋子合不合脚,自己穿了才知道"。中国特色社会主义道路以无可辩驳的伟大成就向世界宣告:人类文明发展道路绝不仅仅只有西方资本主义文明这一条道路,所谓"普世价值"更不是包治百病的灵丹妙药,唯有独立自主走自己的发展道路才能成功并有可能因此创造出新的文明形态。这对世界上那些既希望加快自身发展又希望保持自身独立性的国家和民族而言,是极其重要的经验启示,具有非常重要的参考价值。

为世界文明发展提供了中国方案。中国共产党所创造的人类文明新形态,凝结着对人类美好未来的艰辛探索。中国特色社会主义经济建设、政治建设、文化建设、社会建设和生态文明建设等取得的成果,不但对中国推进国内发展具有重要意义,而且对世界其他文明,尤其是对其他社会主义国家的文明发展也会产生启示作用和借鉴价值,促使越来越多的国家来学习、借鉴中国的改革方案和发展方式,探索建设富有本国特色的文明。

为世界文明发展提供了中国智慧。中华文明始终秉持开放包容、命运与共、天下和合、协和万邦的天下情怀,始终奉行天人合一的哲学观,始终倡导"己欲立而立人,己欲达而达人""己所不欲,勿施于人"的处世原则,诸如以上极富中国特色的文化理念为当今世界人民正确处理人与自然、人与人、人与社会,乃至促进不同文明之间平等交流与相互借鉴提供了中国智慧。这不但有利于打破既往世界文明发展史上"逢强必霸"的逻辑误区，也有利于创造不同世界文明形态平等交流、和谐共生的文明新样态，对世界文明发展具有重要指导意义。

为世界文明发展提供了中国担当。党的十九届六中全会指出，"我国外交在世界大变局中开创新局、在世界乱局中化危为机，我国国际影响力、感召力、塑造力显著提升"。大事难事见担当，顺境逆境看襟怀，当今世界乱象丛生，全球治理秩序亟待改革完善，中国积极为世界繁荣稳定贡献力量，始终做世界和平的建设者、全球发展的贡献者、国际秩序的维护者。从应对气候变化到促进全球可持续发展，从帮助发展中国家实现更好发展到促进国际反恐合作，尤其是随着"一带一路"和构建人类命运共同体等的不断落实和全面推进，中国以"天下一家"的文明情怀，尽己之力，贡献世界，展现了建设持久和平、普遍安全、共同繁荣、开放包容、清洁美丽的世界的责任担当。

《光明日报》（2021年12月13日第06版）

何为人类文明新形态

中国共产党与人类文明新形态

陈 晋

在中国共产党成立100周年之际,"中国共产党与人类文明新形态"作为一个很重要的理论话题被提出并凸显。习近平总书记在庆祝中国共产党成立100周年大会上的重要讲话、党的十九届六中全会审议通过的《中共中央关于党的百年奋斗重大成就和历史经验的决议》,都鲜明地从文明的高度来总结我们党的历史,阐释中国道路。比如,提出近代中国成为半殖民地半封建社会,遭受"文明蒙尘";提出马克思主义基本原理同中国具体实际相结合、同中华优秀传统文化相结合;提出习近平新时代中国特色社会主义思想是中华文化和中国精神的时代精华;提出用马克思主义真理的力量激活了中华民族历经几千年创造的伟大文明,使中华文明再次迸发出强大精神力量;提出党领导人民成功走出中国式现代化道路,创造了人类文明新形态;提出党一百年来开辟的伟大道路、创造的伟大事业、取得的伟大成就,必将载入人类文明发展史册;提出向世界讲好中国故事、中国共产党故事,传播好中国声音,促进人类文明交流互鉴,国家文化软实力、中华文化影响力明显提升,等等。这些新论述、新概念、新表达和新要求,构成了一个具有内在逻辑且自成体系的理论范畴,为理论界拓展出一个广阔而深刻的学术空间。

———

从党的历史来看,文化和文明的创造与创新是中国共产党的重要优势。用马克思主义武装起来的中国共产党,从几十个人发展到今天,已经成为拥有9500多万名党员的世界第一大执政党,风雨兼程一百年,在推进中华民族伟大复兴的历史进程中创造了一个又一个奇迹。究其原因,除了坚持党的坚强领导以及政治、军事、经济等方面战略策略取得的成功之外,必定还有文化上的天然禀赋、内生动力和发展活力作为基础、作为依靠。

中国共产党是一个有高度文化自觉的党,党的百年奋斗凝聚着我国文化奋进的历史。第一代中国共产党人,他们大都是五四新文化运动的精神产儿,对于在文化上批判什么、扬弃什么、追求什么、构建什么,他们从一开始就有相应的历史自觉。马克思主义、俄国革命等实际上是被他们当作新文化的模样、新的文明形态来学习、追求、实践、创造的。1920年,毛泽东同志便公开发表文章说:大家都在闹新文化,但并不懂得新文化是什么,"彻底些说吧,不但湖南,全中国一样尚没有新文化。全世界一样尚没有新文化。一枝新文化小花,发现在北冰洋岸的俄罗斯。"可见,在毛泽东同志心目中,中国应该建设的中华新文化、新文明,并非五四时期让人眼花缭乱的一切新东西,他只把马克思主义指导下的俄国十月革命之后出现的新社会看作新文化、新文明的雏形。

在我们党的历史上,瞿秋白最早提出"文化革命"的主张。毛泽东同志的名著《新民主主义论》,原题就叫《新民主主义的政治与新民主主义的文化》,也就是说,他在构建新民主主义的社会形态框架时,就把文化作为一种很重要的底色,并由此明确提出"文化革命"的目标,就是要建立"中华新文化"。这篇论著还特别谈及:"其中最奇怪的,是共产党在国民党统治区域内的一切文化机关中处于毫无抵抗力的地位,为什么(国民党的)文化'围剿'也一败涂地了?这还不可以深长思之吗?"人们"深长思之"的结论就是:中国共产党拥有文化创新自觉和文明创造能力,从根本上代表了中华新文化和人类新文明的前进方向,因而,站在对立面的文化势力,无论看似多么强大,都会败下阵来。

于是,1949 年新中国成立的时候,我们党受到思想界、理论界、文化界的热烈拥护,这在世界上革命成功的国家中是罕见的。新中国成立时中国共产党进行新型文明创造的文化环境与文化条件,甚至明显优于十月革命成功时的苏联共产党。以作家为例,据老舍统计,新中国成立时离开大陆的中国作家不足 10%。也就是说,超过 90% 的作家都选择留了下来,在中国共产党领导下建设中华新文化、新文明。

新中国诞生的时候,毛泽东同志曾指出:"随着经济建设的高潮的到来，不可避免地将要出现一个文化建设的高潮。中国人被人认为不文明的时代已经过去了，我们将以一个具有高度文化的民族出现于世界。"可以说，从那时起，一个以新社会制度为基础的新型国家文明形态，就已经在中华大地上开始建立了。

二

从现实看，"中国共产党与人类文明新形态"理论空间的拓展，具有非常强烈的现实紧迫性。

第一，中国道路发展到今天，越来越需要从文化、文明的角度提炼它的内容规定性。改革开放是中国共产党的一次伟大觉醒，正是在中国共产党领导的改革开放和社会主义现代化建设的伟大实践中，中国走出了一条独特的发展道路。进一步说，开创、坚持、捍卫、发展中国道路即中国特色社会主义道路，是党和人民历经千辛万苦、付出巨大代价取得的根本成就。要坚定道路自信，就必须站在文化和文明的高度来观察、思考和梳理中国道路的历史必然性和内容规定性。为此，习近平总书记着重强调并充分论述了"文化自信"这一理论范畴，认为它是道路、理论、制度自信的"基础"，还指出，文化自信"是更基础、更广泛、更深厚的自信"，"是一个国家、一个民族发展中最基本、最深沉、最持久的力量"。所以说，"如果没有中华五千年文明，哪里有什么中国特色？如果不是中国特色，哪有我们今天这么成功的中国特色社会主义道路？"

第二，中国拓展了发展中国家走向现代化的途径，给世界上那些既希望加快发展又希望保持自身独立性的国家和民族提供了全新选择。别人的选择，重点或许在经济发展方式和路径方面，但经济发展的动能从来不只是集中在物资和技术层面，其背后必然有理论、制度、文化等方面因素的支撑。为此，就需要我们把中国式现代化道路的文明属性和文明特征揭示清楚，传达出来，讲明白中国共产党何以为人类探索更好社会制度和文明新形态，提供了中国经验、中国方案、中国智慧。

第三，当前，世界正面临"百年未有之大变局"，其实质是国际力量对比出现深刻调整，以中国为代表的一批新兴市场国家和发展中国家参与到第三次工业革命进程中，呈现出群体性发展势头，促使国际政治经济格局发生变化，虽然西强东弱的情况还没有完全改变，但是近代以来西方发达国家主导世界的绝对优势，正逐步演变为相对优势。在此背景下，西方舆论中确实出现了把不同国家发展道路的差异归结为"文明冲突"的想法。对于这样的观点，我们需要予以回应。在百年变局的形势下，讲清楚中国道路的文明属性和文明特征尤其显得紧迫。和西方进行一场既针锋相对又有理有利有节的文明对话，事实上已经成为我们讲好中国故事、讲好中国共产党故事不能回避的事情。文明的话题，已经不容忽视地摆在了新时代中国同西方的"对话桌"上。

三

百年变局的实质是国际力量深刻调整，其根源也在于世界政治多极化和文化价值观多元化趋势越来越明显，盛行几百年的西方文明"中心论"受到挑战。普遍来看，不同国家、民族、地区之间确有发展战略、经济利益和生产生活方式，乃至价值观上的差异。但这些差异，难道真的会导致"整体性的文明冲突"吗？至少从中国文明来看，答案并非如此。

第一，中国文明没有必然和其他文明发生冲突的基因。中国传统思维，强调"己所不欲，勿施于人"，就是说，你自己都不想干的事情不能强求别人去干。还有，中国人习惯的是各美其美、美美与共，讲的是在大家的相处中每个人都可以坚持自己的爱好和习惯，各种爱好和习惯是可以相互包容，甚至是相互欣赏的。这种"和而不同"的文化传统，正是今天中国处理国际关系、看待百年变局的思想资源和文化依据。对于中国人真诚地讲"和平共处""和平发展""合作共赢"，却仍然难以被一些缺少"和而不同"传统的西方世界理解和认同。其原因则在于，他们的话语体系、思维习惯都是以个人主义和自由主义价值观为基础的。

第二，中西方看待文化差异的态度不一样。法国前总理拉法兰写过一本《中国悖论》的书，其中指出：在西方希望向中国强加他们的观念及体系的时候，中国人在努力证明，可以提供一个不同的"中国方案"；西方人认为，相对的事物必定冲突，真相只有一个，中国的阴阳平衡文化让人们认为"反者道之动"，即矛盾双方循环往复是道的运动规律。确实，中国为追寻现代化，对西方文化的了解、研究和学习已经持续了将近两个世纪。中国不会无端反对和自己不一样的东西，更不会强求别人接受自己的文明，而总是努力用实践告诉别人，"我和你确实不一样"，但可以"求同存异"，就是在不同的文明之间尽量找出相同的地方，在互动中接近，努力地朝着一个方向去走。

比如，中国人最崇拜的本土思想家是孔子，最崇拜的西方近代思想家是马克思，他们既有文明背景的差异，又有时代的差异。按理说，这两个人在一起是会"争吵打架"的。但是，中国共产党却成功地实现了马克思主义中国化，不仅在理论上，而且在实践上，把马克思主义基本原理与中华优秀传统文化结合了起来，进行文化和文明的创造和创新，于是便有了人类文明新形态的出现。中国是怎样做到这一点的呢？可以通过一个例子来说明。著名文学家、历史学家郭沫若在1926年发表过一篇文章，题目叫《马克思进文庙》。他在这篇文章中想象，有一天马克思来到了上海，走进供奉孔子的文庙，看见孔子的塑像，忍不住要和孔子讨论各自的社会理想、产业政策和富民主张。他们各自申述了自己的观点，讨论的结果让马克思发出这样感慨：我不想在两千年前，在远远的东方，已经有了你这样的一个老同志！你我的见解完全是一致的。这是文学想象，也是中国人的愿望和思维习惯，是中华文明的鲜明特点。

四

英国的克里·布朗教授提到一个观点，他说："无论西方是否承认中国的价值观，我们都不能不承认中国作为一个庞大文明体系的存在，而且很有可能在未来与西方体系长期共存。"习近平总书记的论述更为明确，他指出，"历史反复证明，任何想用强制手段来解决文明差异的做法都不会成功，反而会给世界文明带来灾难"。

如何摆脱"文明冲突论"的困扰、拥抱共同的未来，更为睿智的建议已经摆在了世界面前。在联合国日内瓦总部的演讲中，习近平总书记指出，"文明差异不应该成为世界冲突的根源，而应该成为人类文明进步的动力""每种文明都有其独特魅力和深厚底蕴，都是人类的精神瑰宝。不同文明要取长补短、共同进步，让文明交流互鉴成为推动人类社会进步的动力、维护世界和平的纽带"。

实际上，全人类的许多价值追求和善恶标准是共同的，比如都崇尚自由、追求公正、爱好和平、向往安宁富足的生活，都反对奴役、压迫、暴力、贫困、对生态的破坏等。为此，党的十九届六中全会审议通过的历史决议明确宣示，"推动构建人类命运共同体，弘扬和平、发展、公平、正义、民主、自由的全人类共同价值，引领人类进步潮流"。弘扬的是"全人类共同价值"，而不是西方所谓的"普世价值"，这是中国提出构建人类命运共同体设想的文化价值观基础。构建人类命运共同体，体现了符合时代潮流的文明大道，是百年变局下不同文明对话的应有趋势，更是中国式现代化道路、中国共产党领导人民创造的人类文明新形态的优势所在。向这一理想目标前进，首先要扩大利益汇合点，同时要弘扬全人类共同价值。这是一个非常深刻的命题，在我们对外讲好中国故事、讲好中国共产党故事的过程中，起着"四梁八柱"的作用。

《光明日报》（2022年01月05日第06版）

何为人类文明新形态

如何理解我们创造的人类文明新形态

韩 震

习近平总书记在庆祝中国共产党成立100周年大会上的重要讲话中指出:"我们坚持和发展中国特色社会主义,推动物质文明、政治文明、精神文明、社会文明、生态文明协调发展,创造了中国式现代化新道路,创造了人类文明新形态。"党的十九届六中全会通过的《中共中央关于党的百年奋斗重大成就和历史经验的决议》也明确指出:"党领导人民成功走出中国式现代化道路,创造了人类文明新形态,拓展了发展中国家走向现代化的途径,给世界上那些既希望加快发展又希望保持自身独立性的国家和民族提供了全新选择。"这些重要论述是一个具有重大世界历史意义的判断:一方面阐明了我们坚持和发展中国特色社会主义是人类文明发展的正途大道;另一方面也宣布我们在人类文明发展的历史上迈向了新的历史起点。

我们应该如何理解中国共产党团结带领人民创造的"人类文明新形态"呢？

我们创造的人类文明新形态植根于中国文化传统，是不同于西方现代文明的带有中华民族文化特征的现代化文明形态

人类文明是在传播与交流互鉴的过程中不断发展的。中华文明在十六世纪之前几千年的世界历史中，都处于相对领先的地位。实际上，西方的崛起是非常晚近的事情。近代以来，西方借助航海、殖民和贸易，不仅掠夺资源，也发展出新的科学形态的知识和资本主义生产力，使文明形态产生跃迁。西方新兴的资产阶级基于自己的强势力量，用更高的生产力甚至更有杀伤力的武器，给整个世界文明打上自己的烙印。正如马克思指出的，"资产阶级……把一切民族甚至最野蛮的民族都卷到文明中来了……它迫使一切民族——如果它们不想灭亡的话——采用资产阶级的生存方式；它迫使它们在自己那里推行所谓的文明，即变成资产者。一句话，它按照自己的面貌为自己创造出一个世界""它使未开化的和半开化的国家从属于文明的国家，使农民的民族从属于资产阶级的民族，使东方从属于西方"。然而，文明的时空差异是不可能被彻底抹去的，这是因为不同的民族分布在不同的空间范围内绵延发展，人们需要对不同自然环境带来的挑战作出不同的反应，这种不同的反应必然影响到人们生产活动的样态，进而影响到人类生活方式的样态。可见，近代以来，尽管中华文明由于西方文明的强势挑战而处于弱势的地位，但是中华文明的源流血脉不可能消失在"他者"的文明形态之中，中

华文明的光辉只是被西方的蛮力所遮蔽了而已。

现在的中华文明虽然仍是独特的文明，但已经现代化了。中国在落伍中接受教训，不断睁大眼睛看世界，并且最终在伟大的改革开放进程中大踏步赶上了世界潮流。中国特色社会主义进入新时代，以习近平同志为核心的党中央领导全党全军全国各族人民砥砺前行，全面建成小康社会目标如期实现，党和国家事业取得历史性成就、发生历史性变革，这种变革可以从经济、政治、文化、社会、生态等方方面面加以体现和说明。譬如，"与时俱进""守正创新"的理念已经成为中国共产党和中国人民的自觉意识。不过，中国人讲究与时俱进和守正创新，并没有抛弃自己的历史，而是强调只有"以史为鉴"，才能更好走向未来。中华文明对"新与旧""变与不变""自主与借鉴""内循环与外循环"有着深刻的辩证理解，因而许多方面是习惯于线性思维的西方人难以理解的。中国的文明新发展显然是现代化的，但却不是西方化的，而是在中华文明传统基础上综合吸纳世界文明成果创造的崭新文明形态。这大概也是西方对中国道路耿耿于怀的原因。英国学者马丁·雅克认为，西方最致命的毛病在于，其思维深处相信西方是具有普世性的，因而根本不能理解中国，也难以包容中国的发展。在西方人看来，世界上只有一种现代性，这就是西方的现代性。然而，世界已经发生了巨变，许多发展中国家的历史、政治、文化根源都和西方不一样。尤其是中国，"我们不应仅仅将中国看作民族国家，还应将其视为文明国家，它的传承是文明的传承。中国对国家—社会关系的认识、儒家价值观、个人的社会角色、人际关系，甚至中国的美食、语言，都是中国传承的文明遗产，它们的历史远远长于中国作为民族国家的历史。中国既是文明国家又是民族国家，从这样的角度去看中国，才能真正理解它的不同之处"。马丁·雅克告诫他的西方同胞，"必须开始尝试理解中国与西方的不同之处。不管是过去、现在还是未来，中国都与西方存在巨大差异。尽管中国和西方也存在关联和相似之处，但两者间的差异是根本性的、恒久的"。作为西方学者，马丁·雅克能够意识到中西文化的差异性是不可能被抹杀的，西方文明也不可能完全融化中华文明的硬核，这是难能可贵的。

我们创造的人类文明新形态，是处于社会主义探索和发展进程中的社会主义现代文明形态

根据唯物史观，人类文明的实质就是人类生产、生活和其他社会活动的组织方式。这些组织方式，往往基于历史的发展方式而变化。从生产资料所有制的角度看，我们创造的人类文明新形态显然是社会主义的。中国创造的文明新形态不仅表现在其社会主义性质上，而且表现在其建立起来了高效的社会主义市场经济体制。这是一个具有世界历史意义的伟大创举。环顾全球，效率与公平、市场与社会、发展与正义、社会规划与个人自由之间的平衡都是非常重大的社会课题。有些国家执念于新自由主义的教条，以为自由竞争的效率必定带来普遍繁荣的社会福祉，结果却成为社会贫富分化的渊薮；有些国家不顾社会生产和文明发展阶段而教条主义地理解公平，制度设计导致人们依赖社会提供的基本保障，经济发展的活力不足，导致社会发展的停滞；也有国家在这二者之间不断摇摆，使

社会经历各种"过山车"般的折腾。再如，社会规划和个人自由之间存在张力，规划对社会发展和社会秩序都是非常重要的，但是规划不可能考虑到所有的特殊性，如不同地域、不同机构、不同人的特殊需求和独创性，过于僵硬的计划就可能抑制社会的创新和活力。中国把社会主义的公平正义追求与市场经济的活力结合了起来，也把社会的整体性规划和个人的首创精神结合了起来，给社会主义经济社会发展注入了持续的活力和动能。尽管之前国外也有学者提出过社会主义是否可以开展市场经济的问题，但是都没有能够在实践中付诸现实，唯有中国在现实中实现了公平与效率、稳定与发展的有机统一。总之，改革开放以来，经过持续努力，"我国实现了从高度集中的计划经济体制到充满活力的社会主义市场经济体制、从封闭半封闭到全方位开放的历史性转变"。创造了令世人瞩目的经济快速发展、社会长期稳定的"两大奇迹"。"拓展了发展中国家走向现代化的途径，给世界上那些既希望加快发展又希望保持自身独立性的国家和民族提供了全新选择"。正如习近平总书记指出的，"当代中国的伟大社会变革，不是简单延续我国历史文化的母版，不是简单套用马克思主义经典作家设想的模板，不是其他国家社会主义实践的再版，也不是国外现代化发展的翻版"，而是"成功走出中国式现代化道路，创造了人类文明新形态"。

我们创造的人类文明新形态，
在理念和方向上是一种属于未来的文明形态

中国创造的中国特色社会主义道路、理论、制度、文化已经内在地孕育着未来文明形态，是未来文明形态的萌芽和某种历史雏形。之所以这样说，理由如下：

一是我国发展的是社会主义市场经济，实行的是社会主义初级阶段公有制为主体、多种所有制经济共同发展的基本经济制度和体现效率、促进公平的收入分配体系，这种安排为超越资本的权力和特殊集团的利益奠定了制度基础。

二是我们坚持以人民为中心的发展思想。在中国人均收入刚刚达到中等偏上国家标准之后，就打赢了脱贫攻坚战，历史性地解决了绝对贫困问题，实现了全面建成小康社会的目标，证明了中国的一切发展都是依靠人民、为了人民，以人民的利益为旨归的。这种理念显然为摆脱文明社会的内部分裂创造了根本指引，这本身就是新文明的体现。美国哈佛大学肯尼迪政府学院近期发布的《理解中国共产党的韧性：中国民意长期调查》表明：2003年以来，中国民众对政府的满意度全面提升，至调查结束的2016年，民众对政府的满意度保持在70%以上，其中对中央政府的满意度高达93.1%。这显然得益于中国数十年改革开放和经济社会发展的成果，同时也是中国通过社会治理推动减贫事业，保障弱势群体利益、全面有效地促进社会公平的反映。研究人员通过对2003—2016年这13年的数据分析发现两个重要的趋势：一是收入较低的居民满意度增幅高于高收入居民；二是内陆地区的居民满意度升幅高于东部沿海地区。这是民众对政府持续扶贫和促进社会公正政策和效果的认可。实际上，这也反映了中国特色社会主义道路所体现的新文明特质。

三是我们在协和万邦、和而不同的传统基础上提出构建人类命运共同体的理念,这为世界文明的共处提出了确实可行的方案。这在以殖民和霸权为特征的资本主义现代化文明道路之外,创造了新的现代化文明发展路径。显然,我们所创造的人类文明新形态是不同于苏联模式的文明形态,从其基础上看是中国特色社会主义推进到 21 世纪的文明形态。与冷战时期不同,中国特色社会主义不是与资本主义对峙,而是在相互交流中竞争,更加彰显活力和生命力。"一带一路"倡议彰显了中国的视野和胸怀。美国哥伦比亚大学教授杰弗里·萨克斯就注意到中国特色社会主义的文明性质,他不同意美国前国务卿蓬佩奥关于中国霸权主义野心的说法。萨克斯指出:"美国在过去 40 年里发动了许多海外战争,而中国没有发动过任何战争。""中国拒绝美国的霸权,并不意味着中国也在谋求霸权。事实上,在美国以外,几乎没有人相信中国的目标是要称霸全球。"

四是我国提出的人与自然生命共同体的理念,为人与自然和谐共生指明了前进方向,也为人类文明的深化开辟了崭新路径。中国特色社会主义进入新时代的事实证明,我们走的是一条"生产发展、生活富裕、生态良好的文明发展道路"。

总之,中国共产党团结带领中国人民进行了百年奋斗,特别是改革开放 40 多年来开辟、发展了中国特色社会主义道路。中华文明凤凰涅槃般实现了新的发展。正如马丁·雅克所指出的,"长期以来,中国治理被西方所非议,但从全球视角来看,中国治理终于进入成熟期。西方曾经以为,改革将不可避免地导致采用西方治理模式。现在很明显,这是一种幻觉",中国特色社会主义"是一种新的模式,并以其成就,现在正需要世界的关注"。马丁·雅克所说的新模式,就反映了我们文明的新特质。我们创造的人类文明新形态是不同于西方现代文明的现代化文明形态，是不同于苏联模式的社会主义现代化文明形态，这种新形态既是现实的也代表未来方向。譬如，"人类命运共同体"理念本身就是指向未来方向的理想性规范。与冷战时期西方与苏联的关系不同，中国希望和美国、欧洲、日本等资本主义发达国家在相互依存的经济体系中竞争，在解决环境气候、冲突等全球性问题的过程中加强合作。中国特色社会主义是与资本主义在一个世界体系中发展起来的。不过，中国的文明理念不是希望压制或消灭"他者"，而是希望与"他者"共同发展，增进全人类的福祉和实现全人类文明的进步。

《光明日报》（2022 年 01 月 20 日第 06 版）

何为人类文明新形态

深刻把握人类文明新形态的世界贡献

张晓萌　周　鼎

党的十九届六中全会提出,党的百年奋斗深刻影响了世界历史进程,"党领导人民成功走出中国式现代化道路,创造了人类文明新形态,拓展了发展中国家走向现代化的途径"。这一重要论断把一百年来中国共产党和中国人民的理论与实践发展结晶上升到文明形态的层面,凸显了人类文明新形态对世界的引领性和示范性价值,展现了人类文明新形态所蕴含的推动人类文明进步的积极力量。

物质层面:以高质量发展创造人民的美好生活

物质文明是人类文明进步的基础,正如马克思所说:"物质生活的生产方式制约着整个社会生活、政治生活和精神生活的过程。"中国共产党创造的人类文明新形态,首先是不断解放和发展社会生产力,让创造社会财富的源泉充分涌流,进而逐步实现全体人民共同富裕,促进人的全面发展和社会全面进步的文明新形态。中国共产党坚持以人民为中心推进高质量发展,推动物质文明、政治文明、精神文明、社会文明、生态文明协调发展,以满足人民日益增长的美好生活需要为根本目的,不断提供更多优质的物质产品、精神文化产品和生态产品,推动社会文明从"以物的依赖性为基础的人的独立性"向人的"自由个性"的更高形态迈进。

中国用几十年时间走完了发达国家几百年走过的发展历程,创造了世所罕见的经济快速发展和社会长期稳定奇迹,在14亿多人口的东方大国全面建成了小康社会,历史性地解决了绝对贫困问题,为人类文明新形态的创造奠定了坚实的物质基础,也为广大发展中国家摆脱贫困落后面貌、加快经济社会发展、促进社会公平正义提供了有益借鉴。在此基础上,中国共产党把人的全面发展、全体人民共同富裕取得更为明显的实质性进展作为新发展阶段的目标,进一步凸显了人类文明新形态促进人的全面发展和社会全面进步的鲜明特征。在高质量发展中促进共同富裕,要求进一步提高发展的平衡性、协调性、包容性,更好处理效率和公平的关系,坚持人与自然和谐共生,在发展实践中不断拓展人类文明新形态的丰富内涵。

制度层面:现代化道路和制度模式的自主开拓

人类文明新形态基于的中国式现代化道路,既不是欧美国家开辟的资本主义现代化道路,也不是历史上的社会主义国家走过的发展道路。中国共产党坚持一切从实际出发,探索开辟出中国式现代化道路，逐步建立起具有巨大优越性的中国特色社会主义制度和国家治理体系。纵观人类文明发展史，除了中国式现代化道路和制度模式，没有任何一种发展模式能够在这样短的历史时期内创造出如此大的成就。中国发展的成功向世人证明，发展中国家完全有可能通过独立自主地开拓前进道路，摆脱只有照搬西方模式才能实现现代化的误区，走出一条符合本国国情的发展道路，把自身发展进步命运牢牢把握在自己手中。

中国共产党开创人类文明新形态的实践昭示着，现代化道路没有固定的、一成不变的模式，削足适履只会适得其反。各国人民有权选择自己的发展道路和制度模式，各国自主探索发展道路和制度模式的努力都应受到尊重。在加强和完善自身国家治理的同时，中国积极参与全球治理体系改革和建设，深入践行多边主义，推动国际秩序和国际体系朝着更加公正合理的方向发展。中国不照搬外国模式，也不向其他国家输出中国模式；同时，中国欢迎那些既希望加快发展又希望保持自身独立性的国家和民族学习和汲取中国经验，欢迎各国政党参考和借鉴中国共产党治国理政经验和党的建设经验，共同深化对社会发展规律和政党建设规律的认识，共同拓展人类走向现代化的路径。

思想层面：以推进理论创新回应时代发展课题

人类文明新形态这一新概念是当代中国马克思主义、21 世纪马克思主义理论与实践创新的重大成果，彰显了马克思主义的真理力量和科学社会主义的强大生机。马克思主义既是那个时代精神的精华，又是整个人类精神的精华。它从工业文明的历史高度出发探索社会历史发展的普遍规律，揭示了现代资本主义生产方式的内在矛盾，打破了以资本主义社会制度和社会形态作为衡量文明进步标尺的垄断性，描绘了从必然王国向自由王国飞跃的光明前景，指明了依靠人民创造历史伟业的人间正道。在时代的风云变幻中，马克思主义始终占据着真理和道义的制高点，成为指引当代中国发展进步的精神旗帜，也成为中国共产党开创人类文明新形态的鲜明底色。

在马克思主义的指导下，一场前所未有的历史性变革在东亚大地上展开，中国建立了超大规模人口的社会主义社会，正推动实现超大规模的社会主义现代化。在这一历史进程中，中国共产党始终坚持理论联系实际，坚持用马克思主义观察时代、解读时代、引领时代。恩格斯指出："一切社会变迁和政治变革的终极原因，不应当到人们的头脑中，到人们对永恒的真理和正义的日益增进的认识中去寻找，而应当到生产方式和交换方式的变更中去寻找。"置身于这场历史性变革之中的中国共产党和中国人民更有资格和能力揭示其中蕴含的历史经验和发展规律，不断推进实践基础上的理论创新，不断回答时代和实践提出的新的重大课题，为丰富和发展人类文明新形态作出中国的原创性贡献。

文化层面：中华优秀传统文化滋养和多元文化包容共鉴

人类文明新形态，植根于中华民族五千年文明历史孕育的中华优秀传统文化，生成于马克思主义基本原理同中国具体实际相结合、同中华优秀传统文化相结合的历史性实践。中华优秀传统文化是涵养人类文明新形态的文化土壤，其中蕴含的天人合一的宇宙观、协和万邦的国际观、和而不同的社会观、人心和善的道德观，既是中华民族数千年来始终追求和传承的理念，也为回应和解决当今人类社会面临的问题提供了宝贵启示。中国共产党坚定文化自信，推动中华优秀传统文化创造性转化和创新性发展，极大激活了中华文化生命力和当代价值。中华优秀传统文化滋养着社会主义先进文化繁荣发展，为社会主义现代化建设注入强大精神力量，为世界发展贡献中国智慧。

中国共产党在领导中国人民创造人类文明新形态的进程中，既以宽广视野吸收人类创造的一切优秀文明成果，在汲取各种文明养分中丰富和发展中华文化，又进一步推动多元文化开放融通、互学互鉴，展现了和而不同、兼收并蓄的文明理念。这种文明新形态立足于把握和塑造人类共同未来的大视野、大格局，充分尊重人类文明多样性，坚持以不同文明之间的交流、互鉴、共存超越文明隔阂、文明冲突和文明优越，推动不同国家和民族的思想文化相互理解、尊重和信任，从本国本民族历史文化传统和现实国情出发，海纳百川、择善而从、取长补短，促进人类文明共同繁荣和永续发展。

价值层面：和衷共济、命运与共的普遍追求

中国共产党开创的人类文明新形态，是坚持和平共处、互利共赢的文明新形态。这一文明新形态把和平发展作为核心价值追求，不是零和博弈，而是互惠互利；不是以邻为壑，而是同舟共济；不是独善其身，而是兼济天下。中国始终坚持走和平发展道路，也倡导

各国都走和平发展道路；不仅积极争取和平安定的环境来发展自己，也通过自身发展为全球发展创造新机遇，促进与世界各国良性互动、合作共赢。中国坚持共商、共建、共享，倡导国际上的事大家商量着办，携手推动构建人类命运共同体，向人类社会展示了一个持久和平、普遍安全、共同繁荣、开放包容、清洁美丽世界的美好图景。

中国共产党是为中国人民谋幸福的政党，也是为人类进步事业而奋斗的政党，坚守和弘扬和平、发展、公平、正义、民主、自由的全人类共同价值，为创造人类文明新形态提供了积极的价值引领。确立全人类共同价值，不是要否定不同国家和民族拥有自己特殊的价值体系，也不是要用共同价值取代各种不同的价值理念，而是以博大的胸怀接纳对价值内涵的多元理解，尊重各国人民探索价值实现的具体路径，使多元的价值观、文明观能够相得益彰。人类文明新形态所蕴含的人类命运共同体理念和全人类共同价值，汇聚了共建美好世界的最大公约数，深刻体现了人类社会和衷共济、命运与共的文明高度，已经并将进一步为推动人类文明发展进步作出贡献。

《光明日报》（2022年04月14日第06版）

何为人类文明新形态

人类文明新形态的中国作为及世界意义

王若斯　高振岗

党的十九届六中全会在总结中国共产党百年奋斗的历史意义时指出,"一百年来,党既为中国人民谋幸福、为中华民族谋复兴,也为人类谋进步、为世界谋大同,以自强不息的奋斗深刻改变了世界发展的趋势和格局。党领导人民成功走出中国式现代化道路,创造了人类文明新形态,拓展了发展中国家走向现代化的途径"。人类文明新形态的创造,生动诠释了世界百年未有之大变局下的中国作为,必将进一步凝聚实现中华民族伟大复兴的力量,为世界人民携手走向美好未来贡献中国智慧、提供中国方案。

人类文明新形态是在中国共产党领导下创造的

人类文明新形态是中国共产党对中华民族伟大复兴和人类进步所作出的创新性贡献，这一文明新形态建立在悠长历史和深厚文化底蕴基础之上，是由马克思主义理论武装起来的中国共产党领导创造的。中国共产党是人类文明新形态的构想者和领导者，经过百年艰苦努力，开辟出中国特色社会主义道路，走出一条不同于西方现代化的发展之路，取得了举世瞩目的发展成就。

人类文明新形态"新"在道路。中国共产党之所以能够带领全国人民创造人类文明新形态，在于立足基本国情，坚定不移走中国特色社会主义道路，贯彻党的基本理论、基本路线、基本方略，既顺应了社会主义中国发展的要求，又回应了人类文明进步的趋势，开辟了发展中国家走向现代化的新范式。

人类文明新形态"新"在理论。作为一个有理论自觉和思想自觉的政党，中国共产党创造人类文明新形态的过程，也是党的创新理论不断生成和发展的过程。在革命、建设和改革不同历史时期，中国共产党人根据不同的历史任务，在尊重客观规律的基础上，不断进行理论创新和理论创造，形成了马克思主义中国化理论成果。

人类文明新形态"新"在制度。中国共产党之所以能够创造人类文明新形态，在于经过长期奋斗和探索，确立了根本制度、基本制度、重要制度内在统一的完整制度构架。我国形成了人民代表大会制度、中国共产党领导的多党合作和政治协商制度、民族区域自治制度以及基层群众自治制度等政治制度；形成了公有制为主体、多种所有制经济共同发展的基本经济制度和按劳分配为主体、多种分配方式并存的分配制度等,为人类文明新形态提供了制度保障。

人类文明新形态"新"在文化。中国共产党之所以能够创造人类文明新形态,在于立足中华文化沃土,不断把马克思主义基本原理同中国具体实际相结合、同中华优秀传统文化相结合,不断推动中华优秀传统文化创造性转化、创新性发展,既继承和发展了马克思主义,又用马克思主义真理力量激活了中华文明,体现出不同于世界其他文明的崭新文化形态。

人类文明新形态是中国人民创造的

唯物史观认为,人民群众是历史的创造者,是推动物质财富、精神财富、社会变革和文明进步的决定性力量。人类文明新形态的创造是多重因素耦合的结果,从本质上讲,勤劳勇毅的中国人民是创造这一形态的主体力量。人类文明新形态不仅深刻诠释了文明的创造力量,而且生动说明了文明成果由谁享有的问题,实现了文明创造和文明成果享有的内在统一。

人类文明新形态"新"在中国用制度优势调动起最广大人民的积极性、主动性和创造性,为文明创造提供了内生动力。自古以来,中国人民就以勤劳勇毅闻名于世,中国人民曾经用勤劳和智慧创造了国人引以为傲的四大发明,用勇敢和坚毅抵御了历次外来侵扰和侵略。新中国成立后,人民当家作主的地位真正确立,人民的创造创新动力被最大限度激发出来,广大工人、农民、知识分子、企业家群体等以勤奋拼搏的姿态投入各自的工作中,形成人人努力、万众创新的大好局面,创造了经济快速发展和社会长期稳定两大奇迹。

人类文明新形态"新"在坚持以人民为中心的发展思想，文明成果由人民共享，为社会进步和人的发展创造了条件。中华民族伟大复兴既是国家的梦，也是人民的梦，中国鼓励全体人民勇于追梦，让每个人通过自己的辛勤付出，拥有梦想成真的机会，合理分享社会文明发展的成果。中国人民是文明成果的创立者，也是文明成果的享有者。

人类文明新形态拓展了发展中国家走向现代化的途径

当今世界正处于百年未有之大变局，整体来看，国际格局和国际体系正在发生深刻调整，全球治理体系正在发生深刻变革，国际力量对比正在悄然发生变化，尽管霸权主义和地区冲突依然构成对人类的挑战，但渴望和平与文明进步的呼声日益高涨。在这一背景下，中国共产党领导人民创立的人类文明新形态具有深远的世界意义。

人类文明新形态"新"在中国一直致力于独立自主地追求和平、发展、公平、正义、民主、自由的全人类共同价值。中国坚持独立自主，但又以开放姿态拥抱世界，秉持共商共建共享的全球治理观，弘扬全球发展的公平性、公正性、协同性，推动建设一个持久和平、共同繁荣的世界，创造了人类文明新形态。中国积极推动构建人类命运共同体，主张尊重世界文明的多样性，坚持文明交流互鉴，坚持互利共赢、拒绝零和博弈，把自身的发展同世界各国人民的共同利益、共同关切联系起来。这与一些西方国家将自己的价值普世化、一味强调本国利益优先、推行霸权主义具有本质区别。

何为人类文明新形态

人类文明新形态"新"在中国积极承担国际责任，为人类发展进步提供了文明范本。中国积极开展国际维和行动，积极推动国际环境保护，作出了碳达峰、碳中和国际承诺，积极推动"一带一路"建设，与沿线各国分享改革开放成果，积极与国际社会分享抗疫经验，提供抗疫物资，体现了大国的责任与担当。这与一些西方国家不遵守《世界环境公约》，长期排放二氧化碳和有害物质且把问题根源归咎于发展中国家，在抗疫问题上甩锅抹黑、囤积物资，形成鲜明对比。

人类文明新形态"新"在拓展了发展中国家走向现代化的途径。党领导人民成功走出中国式现代化道路，创造了人类文明新形态，拓展了发展中国家走向现代化的途径，给世界上那些既希望加快发展又希望保持自身独立性的国家和民族提供了全新选择。当今世界，一些发展中国家的战乱和冲突仍在持续，饥荒和疾病仍在流行，隔阂和对立仍没有消除，贫富分化仍在扩大，发展中国家向何处去，中国创造的人类文明新形态给出了参考答案、提供了中国方案。

中国共产党带领人民创造的人类文明新形态，代表着时代进步潮流和历史发展大势。我们有理由相信，沿着这条文明之路走下去，就能够在实现中华民族伟大复兴的同时，为人类文明进步作出更多中国贡献。

《光明日报》（2022年04月21日第06版）

中国式现代化新道路与人类文明新形态

王灵桂

习近平总书记在庆祝中国共产党成立100周年大会上强调,"我们坚持和发展中国特色社会主义,推动物质文明、政治文明、精神文明、社会文明、生态文明协调发展,创造了中国式现代化新道路,创造了人类文明新形态"。中国式现代化新道路、人类文明新形态重要论述的提出,是坚持中国特色社会主义的必然结果,同时在具体实践中不断丰富和发展了中国特色社会主义。这一重要论述是对中国实践、中国创造的历史意义和世界意义的高度概括,标注了中国现代化道路的新定位、中华文明发展的新高度。

何为人类文明新形态

中国式现代化新道路、
人类文明新形态的鲜明特质和底色

走自己的路,是中国共产党全部理论和实践的立足点,更是党百年奋斗得出的历史结论。中国的现代化道路,就是这样一条自己走出来的新路。习近平总书记强调,"我们的任务是全面建设社会主义现代化国家,当然我们建设的现代化必须是具有中国特色、符合中国实际的"。中国式现代化道路,是中国特色社会主义现代化建设和发展道路。我们要实现的现代化,是人口规模巨大的现代化,是全体人民共同富裕的现代化,是物质文明和精神文明相协调的现代化,是人与自然和谐共生的现代化,是走和平发展道路的现代化。这些历史发展和实践要求彰显了中国式现代化新道路的鲜明特质,构成了人类文明新形态的鲜明底色。

其一,致力于自立自强。

1979年,邓小平同志在会见日本首相大平正芳时提出:"我们要实现的四个现代化,是中国式的四个现代化。我们的四个现代化的概念,不是像你们那样的现代化的概念,而是'小康之家'。"多年来,小康社会建设全面展开、稳步推进。党的十八大根据全面建成小康社会的目标要求,强调加快完善社会主义市场经济体制和加快转变经济发展方式。党的十九大发出了决胜全面建成小康社会的动员令,全面建成小康社会进入决胜阶段。在庆祝中国共产党成立100周年大会上,习近平总书记庄严宣告,"经过全党全国各族人民持续奋斗,我们实现了第一个百年奋斗目标,在中华大地上全面建成了小康社会"。

中国式现代化新道路以其自立自强、创新创造的鲜明特质，成就了人类现代化历史上最为壮丽的事业。这条中国式现代化新道路，既体现了近代以来人类社会发展规律和现代化的普遍要求，又同西方的现代化道路有着本质区别，拓展了发展中国家走向现代化的途径，给世界上那些既希望加快发展又希望保持自身独立性的国家和民族提供了全新的选择。

其二，推动全体人民共同富裕。

共同富裕是社会主义现代化的一个重要目标。马克思、恩格斯在其经典著作中设想，未来社会"生产将以所有的人富裕为目的"。中国共产党一经诞生，就把为中国人民谋幸福、为中华民族谋复兴确立为自己的初心使命，为促进共同富裕艰辛探索、不懈奋斗。党的十八大以来，以习近平同志为核心的党中央坚持以人民为中心的发展思想，把脱贫攻坚摆到治国理政的重要位置上，充分发挥党的领导和我国社会主义制度的政治优势，组织实施了人类历史上规模最大、力度最强、影响最广的脱贫攻坚战。2021年2月，习近平总书记在全国脱贫攻坚总结表彰大会上庄严宣告：我国脱贫攻坚战取得了全面胜利，现行标准下9899万农村贫困人口全部脱贫，832个贫困县全部摘帽，12.8万个贫困村全部出列，区域性整体贫困得到解决，完成了消除绝对贫困的艰巨任务。打赢脱贫攻坚战，标志着我国提前10年实现《联合国2030年可持续发展议程》减贫目标，解决了西方发达国家数百年未能完全消除的绝对贫困问题，创造了彪炳史册的人间奇迹，走出了一条中国特色减贫道路，为人类减贫事业作出了历史性贡献。

共同富裕是社会主义的本质要求，是中国式现代化的重要特征。习近平总书记强调，"必须把促进全体人民共同富裕摆在更加重要的位置""让改革发展成果更多更公平惠及全体人民"。扎实推动共同富裕，彰显了我们党正确的发展观、现代化观，是我们党坚持全心全意为人民服务根本宗旨的重要体现。共同富裕路上，一个也不能掉队，体现出中国式现代化是全体人民共同富裕的现代化。全体人民共同富裕作为中国式现代化的重要特征，凸显了共同富裕是全体人民共同富裕，是人民群众物质生活和精神生活都富裕，是以共建共治共享为过程的、要分阶段推进和实施的共同富裕，进一步丰富了中国式现代化新道路的内涵。

其三，促进物质文明和精神文明相协调。

促进人的全面发展和社会全面进步，是马克思主义的重要观点，是中国式现代化新道路的内在要求和必然逻辑。我们党始终高度重视物质文明和精神文明协调发展，并将之贯彻于经济社会发展的全过程。习近平总书记强调："只有物质文明建设和精神文明建设都搞好，国家物质力量和精神力量都增强，全国各族人民物质生活和精神生活都改善，中国特色社会主义事业才能顺利向前推进。"党的十八大以来，无论是在完善社会主义市场经济体制和转变经济发展方式等方面，还是在脱贫攻坚、推进共同富裕的过程中，党中央始终高度重视处理好"富口袋"和"富脑袋"的关系，既要家家"仓廪实""衣食足"，实现物质生活水平提高，也要人人"知礼节""明荣辱"，实现精神文化生活丰富。正因如此，中国式现代化强调物质文明和精神文明协调发展、物质力量和精神力量全面增强、人民群众物质生活和精神生活同步改善,强调形成生活富裕富足、精神自信自强、环境宜居宜业、社会和谐和睦、公共服务普及普惠的良好局面。

当前,我们正意气风发向着全面建成社会主义现代化强国的第二个百年奋斗目标迈进,比以往任何时候都更加需要价值引领、文化滋养、精神支撑。"十四五"规划和2035年远景目标纲要提出,"加强社会主义精神文明建设,培育和践行社会主义核心价值观,推动形成适应新时代要求的思想观念、精神面貌、文明风尚、行为规范",旨在不断满足人民群众多样化、多层次、多方面的物质和精神文化需求,使全体人民共享改革发展成果和幸福美好生活。

其四,实现人与自然和谐共生。

大自然孕育抚养了人类,人类应该以自然为根,尊重自然、顺应自然、保护自然。以习近平同志为核心的党中央站在对人类文明负责的高度,积极应对气候变化,构建人与自然生命共同体,推动形成人与自然和谐共生新格局。党的十八大以来,我们贯彻新发展理念,将生态文明建设摆在国家治理更加突出的位置,不断强化自主贡献目标,推动经济社会发展全面绿色转型,建设人与自然和谐共生的现代化。

为推动形成绿色发展方式和生活方式,我国制定国家战略性新兴产业发展规划,以绿色低碳技术创新和应用为重点,引导绿色消费,推广绿色产品,推动新能源汽车、新能源和节能环保产业快速发展;积极推进建立统一的绿色产品标准、认证、标识体系,增加绿色产品供给;持续推进产业结构调整,发布并持续修订产业结构调整指导目录，引导社会投资方向，有力支持节能环保、清洁生产、清洁能源等产业发展。正如习近平总书记指出的："中国将力争2030年前实现碳达峰、2060年前实现碳中和。我们将践信守诺，携手各国走绿色、低碳、可持续发展之路。"

其五，坚持和平共赢。

历史地看，西方的现代化之路大多是与扩张主义、霸权主义联系在一起的。与之截然不同的是，中国的现代化走的是一条和平共赢之路，中国始终是世界和平的建设者、全球发展的贡献者、国际秩序的维护者、公共产品的提供者。习近平总书记指出："中国人民是崇尚正义、不畏强暴的人民，中华民族是具有强烈民族自豪感和自信心的民族。中国人民从来没有欺负、压迫、奴役过其他国家人民，过去没有，现在没有，将来也不会有。"

党的十八大以来，习近平总书记不断探索中华优秀传统文化的现代表达，将"和而不同""和衷共济""天下为公""天人合一"等中华传统理念和价值进行创造性转化和创新性发展。习近平总书记提出的"一带一路"倡议，是迄今为止中国提供的最大全球公共产品，是推动建设人类命运共同体的重要实践平台。其蕴含的和平合作、开放包容、互学互鉴、互利共赢精神，使数千年来中西方文明交流、互鉴、融合的重要通道再次焕发勃勃生机。共建"一带一路"的成功实践，将中华民族历来秉持的"天下观"和大同世界理念付诸构建人类命运共同体的伟大实践之中，将中国的发展同沿线国家和世界其他国家的发展结合起来，把中国梦同沿线国家和世界其他国家人民的梦想结合起来。奉行互利共赢的开放战略，谋求开放创新、包容互惠的发展前景，成为中国式现代化新道路的靓丽底色。

中国式现代化新道路、人类文明新形态重要论述的实践路径

西方现代化的弊病之一，是造成了人与人关系的物化。马克思曾尖锐地指出，工人在自己的劳动中不是肯定自己，而是否定自己，不是感到幸福，而是感到不幸，不是自由地发挥自己的体力和智力，而是自己的肉体受折磨、精神遭摧残。与之不同，中国式现代化新道路、人类文明新形态体现的是以人民为中心的发展思想，始终把人的全面发展放在突出位置，使人与人、人与自然和经济社会各个方面更协调、更和谐。

中国式现代化新道路、人类文明新形态的价值底色，就是和平、发展、公平、正义、民主、自由的全人类共同价值，其实践路径是践行以人民为中心的发展思想，发展全过程人民民主，维护和促进社会公平正义，着力解决发展不平衡不充分问题和人民群众急难愁盼问题，推动人的全面发展、全体人民共同富裕取得更为明显的实质性进展。

其一，践行以人民为中心的发展思想。

习近平总书记指出："江山就是人民、人民就是江山，打江山、守江山，守的是人民的心。中国共产党根基在人民、血脉在人民、力量在人民。"为了中国人民的利益和福祉，一代代共产党人把青春和生命、鲜血和汗水，倾注在这片中华大地上。

2012年11月15日，习近平总书记在十八届中共中央政治局常

委同中外记者见面时说,"人民对美好生活的向往,就是我们的奋斗目标""我们一定要始终与人民心心相印、与人民同甘共苦、与人民团结奋斗,夙夜在公,勤勉工作,努力向历史、向人民交出一份合格的答卷"。党的十八大以来,以习近平同志为核心的党中央顺应人民群众新期盼,赋予小康更高的标准、更丰富的内涵。全面小康是城乡区域共同的小康,是惠及全体人民的小康,是经济、政治、文化、社会、生态文明建设全面进步。要以增进人民福祉为发展的根本目标,着力在发展中补齐民生短板,把党的领导和我国社会主义制度优势转化为社会治理优势,不断完善中国特色社会主义社会治理体系,推动形成共建共治共享的社会治理格局。

其二,发展全过程人民民主。

2019年11月,习近平总书记在上海考察时提出"人民民主是一种全过程的民主",进一步从理论上阐释了人民如何有效地行使当家作主的民主权利问题。这是中国特色社会主义民主政治的重要特色,是对社会主义和我们党民主政治理论的重大创新。"贯彻党的群众路线,尊重人民首创精神,践行以人民为中心的发展思想,发展全过程人民民主""民主不是装饰品,不是用来做摆设的,而是要用来解决人民需要解决的问题的""一个国家民主不民主,关键在于是不是真正做到了人民当家作主,要看人民有没有投票权,更要看人民有没有广泛参与权;要看人民在选举过程中得到了什么口头许诺,更要看选举后这些承诺实现了多少;要看制度和法律规定了什么样的政治程序和政治规则,更要看这些制度和法律是不是真正得到了执行;要看权力运行规则和程序是否民主,更要看权力是否真正受到人民监督和制约"……习近平总书记的一系列重要论述指明了践行全过程人民民主理论的方向路径。

党的十八大以来,我国始终坚持正确的发展道路,坚持党的领导、人民当家作主、依法治国有机统一,以保证人民当家作主为根本,以增强党和国家活力、调动人民积极性为目标,坚持发挥党总揽全局、协调各方的领导核心作用,坚持和完善中国共产党领导的多党合作和政治协商制度,坚持和完善民族区域自治制度,坚持和完善基层群众自治制度,扩大社会主义民主,发展社会主义政治文明,推进社会主义民主政治制度化、规范化、程序化,巩固和发展了民主团结、生动活泼、安定和谐的政治局面。我国全过程人民民主不仅有完整的制度程序,而且有完整的参与实践。我国全过程人民民主实现了过程民主和成果民主、程序民主和实质民主、直接民主和间接民主、人民民主和国家意志相统一,是全链条、全方位、全覆盖的民主,是最广泛、最真实、最管用的社会主义民主。

其三,维护和促进社会公平正义。

全面推进依法治国,是解决党和国家事业发展面临的一系列重大问题,解放和增强社会活力、促进社会公平正义、维护社会和谐稳定、确保党和国家长治久安的根本要求。习近平总书记强调,"要把维护社会大局稳定作为基本任务,把促进社会公平正义作为核心价值追求,把保障人民安居乐业作为根本目标"。

党的十八届四中全会围绕"建设中国特色社会主义法治体系,建设社会主义法治国家"这个全面推进依法治国总目标,提出了涵盖依法治国各个方面的重大改革举措。"十四五"规划和2035年远

何为人类文明新形态

景目标纲要将基本建成法治社会作为2035年远景目标的重要内容。我们党牢牢把握推进国家治理体系和治理能力现代化的要求，坚持创新社会治理的理念思路、体制机制和方法手段，社会治理体系不断完善，社会安全稳定形势持续向好。

其四，着力解决发展不平衡不充分问题。

党中央着眼我国经济已经由高速增长阶段转向高质量发展阶段，强调要贯彻新发展理念，建设现代化经济体系，推进供给侧结构性改革，适应、把握、引领经济发展新常态。一系列重大发展战略和决策部署，对落实新发展理念、推动我国经济发展变革产生了深远而重大的影响。

以习近平同志为核心的党中央坚持稳中求进工作总基调，主动适应、把握、引领经济发展新常态，我国经济发展取得重大成就，发展质量和效率不断提升，成为世界经济增长的主要动力源和稳定器。开放型经济新体制逐步健全，对外贸易、对外投资、外汇储备等稳居世界前列。以新产业、新业态、新模式为核心的新动能不断增强，成为推动我国经济平稳增长和经济结构转型升级的重要力量，增长的包容性和人民群众的获得感不断增强，稳中有进、稳中向好的态势更加明显。我国经济增长从主要依靠工业带动转为工业和服务业共同带动，从主要依靠投资推动转为消费和投资一起推动，从出口大国转为出口和进口并重的大国，我国经济实力、经济结构、经济活力韧性、对全球经济发展影响力，都迈上了新台阶。

创造中国式现代化新道路、
人类文明新形态是中国特色社会主义的重大贡献

无论是中国式现代化新道路，还是人类文明新形态，都是中国特色社会主义发展的结晶，都可以从中国特色社会主义的本质内涵和显著优势中找到根源和根据。

中国式现代化新道路，是中国特色社会主义道路的具体形式，是建设什么样的社会主义、怎样建设社会主义在现代化道路上的探索成果，是新时代坚持和发展中国特色社会主义的创新实践。中国特色社会主义最本质的特征决定了中国式现代化新道路最本质的特征，中国特色社会主义制度的最大优势保证了中国式现代化新道路的最大优势，中国特色社会主义的价值准则规定了中国式现代化新道路的价值准则。

人类文明新形态，是在中国特色社会主义的创立和发展进程中呈现出来的，是在中国特色社会主义道路、理论、制度、文化的支撑下生长起来的，是在中国特色社会主义各领域全方位建设实践中巩固完善的。

物质文明、政治文明、精神文明、社会文明、生态文明整体推进和全面发展的现代化文明新形态。中国式现代化新道路、人类文明新形态重要论述，体现着全面发展、全面进步的方向目标，蕴含着和平发展、包容互鉴的理念追求。中国式现代化新道路的日臻完善，正在筑基人类文明新形态。这个新形态，代表着历史悠久的中华文明在新时代达至的新境界、呈现的新气象。这个新形态，是物质文明、政治文明、精神文明、社会文明、生态文明整体推进、全面发展的文明形态。全面建设社会主义现代化国家，需使现代化系统得以统筹协调，促使各个领域的文明建设相互促进，每个领域的文明建设都为其他领域的文明建设提供有利条件，又都以其他领域的文明建设为条件。统筹推进"五位一体"总体布局，协调推进"四个全面"战略布局，坚持系统观念，实现发展质量、结构、规模、速度、效益、安全相统一，统筹发展和安全，等等，都是现代化文明新形态的显著特色和优势。

兼收并蓄和开放包容的现代化文明新形态。现代化代表着18世纪工业革命以来人类社会发展的趋势，是全人类的共同事业、是强国富民的必经之路，其趋势和方向不可逆转。西方发达国家用了近300年时间，让10亿左右人口进入现代化，走出了现代化的西方道路。在过去很长一个时期，西方模式似乎成了现代化的唯一模式。但是，中国共产党的百年奋斗实践证明，现代化不是少数国家的专利，通往现代化的道路可以选择，发展中国家完全可以通过走自己的路，实现跨越式发展、共享现代化发展成果。习近平总书记指出："现代化道路并没有固定模式，适合自己的才是最好的，不能削足适履。每个国家自主探索符合本国国情的现代化道路的努力都应该受到尊重。"因此，每个国家自主探索符合本国国情的现代化道路不是替代关系，而是共存关系。我们并不排斥西方现代化，而是学习借鉴了西方现代化的有益经验，吸取了教训。在现代性或现代价值上，中国式现代化新道路具有更大的包容性。

坚持高质量发展的现代化文明新形态。"十四五"时期经济社会发展要以推动高质量发展为主题，这是根据我国发展阶段、发展环境、发展条件变化作出的科学判断。习近平总书记强调，"新时代新阶段的发展必须贯彻新发展理念，必须是高质量发展"。需要看到，构建推动经济高质量发展的体制机制是一个系统工程，要通盘考虑、着眼长远、突出重点、抓住关键，使创新成为高质量发展的强大动能，以优质的制度供给、服务供给、要素供给和完备的市场体系，增强发展环境的吸引力和竞争力，提高绿色发展水平。由此，新时代新阶段的高质量发展成为人类文明新形态的鲜明特色：创新成为第一动力，协调成为内生特点，绿色成为普遍形态，开放成为必由之路，共享成为根本目的。而且，推动高质量发展本身就是一场深刻变革，这场变革既能创造出高质量发展的成果，也能塑造出高质量发展的文明。

命运与共、和平发展的现代化文明新形态。中国式现代化新道路，是走和平发展道路，在构建人类命运共同体的进程中全面建成社会主义现代化强国。全面建设社会主义现代化国家与构建人类命运共同体同行共存。走和平发展道路，构建人类命运共同体，正是为全面建成社会主义现代化强国而构建新型国际关系和创造良好国际环境。在人类社会中，文明多样性是推动文明进步的重要动力。中国共产党领导中国人民开创的人类文明新形态，就是秉持"美人之美，美美与共"的主张，充分尊重人类文明多样性，积极倡导文明对话与文明互鉴，充分汲取人类文明一切有益成果的产物。中国在现代化过程中把握历史规律，顺应时代潮流，倡导加强国际合作，携手应对全球性挑战，共同解决全球性问题。当前，中国已经开启全面建设社会主义现代化国家新征程，将继续秉持人类命运共同体

何为人类文明新形态

理念，推动构建相互尊重、公平正义、合作共赢的新型国际关系，高质量共建"一带一路"，积极参与全球治理体系变革，同世界各国一起共同发展、合作共赢，以现代化建设新成就为世界带来更多机遇、作出更大贡献。中国式现代化集中体现了中华文明赓续的客观规律，更在多个维度上探寻着人类文明的普遍规律。

坚持中国共产党领导和中国特色社会主义制度的现代化文明新形态。中国特色社会主义最本质的特征是中国共产党领导，中国特色社会主义制度的最大优势是中国共产党领导。充分发挥中国共产党领导的政治优势和制度优势，才能避免西方现代化的弊端，建设走在时代前列的现代化文明。在党的领导下，通过各项根本制度、基本制度、重要制度的建设完善和贯彻执行，中国式现代化新道路的内涵能够展现、优势能够发挥。

当前，我们党团结带领人民正意气风发迈向全面建成社会主义现代化强国第二个百年奋斗目标。新征程上，不断开创中国式现代化新道路的新局面、丰富人类文明新形态的新内涵，必须以习近平新时代中国特色社会主义思想为指导，立足新发展阶段、贯彻新发展理念、构建新发展格局、推动高质量发展。我们党领导人民的一系列伟大实践，必将进一步丰富中国式现代化新道路的内涵、进一步涵养人类文明新形态，也必将推动中国式现代化新道路与人类文明新形态的相互促进。

《经济日报》（2021年12月02日第10版）

创造人类文明新形态的路径与意义

程美东

"中国式现代化的本质要求是：坚持中国共产党领导，坚持中国特色社会主义，实现高质量发展，发展全过程人民民主，丰富人民精神世界，实现全体人民共同富裕，促进人与自然和谐共生，推动构建人类命运共同体，创造人类文明新形态。"党的二十大报告中的这段论述蕴含着对人类文明史的深刻把握和理解，指出了中国式现代化道路的价值取向和实践路径。

路径选择

中国为何要坚持走自己的现代化道路？从根本上来说就是世界上已有的其他的现代化发展道路不契合中国的实际，而且那些现代化模式在发展中也遇到了不少问题和困境。

何为人类文明新形态

就全世界范围来看，实现现代化的国家数量仍然相当有限，多数国家仍处于不发达、欠发达水平，而且各国现代化程度和样态极不均衡。由此可见，世界上既不存在定于一尊的现代化模式，也不存在放之四海而皆准的现代化标准。西方国家现代化进程伴随着残忍的殖民掠夺和疯狂的资本扩张，以及因侵略殖民地、抢夺海外市场等爆发的一系列战争。可以说，西方的现代化道路充满了血腥、贪婪、屠戮，充满了资本主义的罪恶和全世界劳动人民、被压迫民族与人民的血泪。中国共产党领导中国人民走出的中国式现代化道路，不可能选择西方那种殖民侵略的现代化模式。新中国成立后，中国共产党团结带领中国人民，独立自主、自力更生、艰苦奋斗，确立社会主义基本制度，建立起独立的比较完整的工业体系和国民经济体系。改革开放以来，我们开创、坚持、捍卫、发展中国特色社会主义，在40余年的时间内，不仅稳定解决了十几亿人的温饱问题，而且在中华大地上全面建成小康社会，开启全面建设社会主义现代化国家新征程。今天，我们比历史上任何时期都更接近、更有信心和能力实现中华民族伟大复兴的目标。实践证明，我们党领导人民不仅创造了世所罕见的经济快速发展和社会长期稳定两大奇迹，而且成功走出了中国式现代化道路，创造了人类文明新形态，拓展了发展中国家走向现代化的途径，为人类对更好社会制度的探索提供了中国方案。中国式现代化为人类实现现代化提供了新的选择。

丰富内涵

实际上，被一些人长期奉为圭臬的西方现代化文明形态，只是在人类文明史中影响相对较大的一种文明形态。但是，经过与日益兴盛的社会主义现代化相比较之后，尤其是一些国家照搬西方模式非但没有实现现代化反而陷入动荡之后，人们越来越意识到，西方文明的实际效用有其局限性，绝不是放之四海而皆准。

实践逻辑和理论逻辑都告诉我们，中国特色社会主义是党和人民历经千辛万苦、付出巨大代价取得的根本成就，是实现中华民族伟大复兴的正确道路。我们坚持和发展中国特色社会主义，推动物质文明、政治文明、精神文明、社会文明、生态文明协调发展，创造了中国式现代化新道路，创造了人类文明新形态。具体来看，中国所创造的人类文明新形态具有丰富的内涵，具有自身独特的价值观念。如在政治制度方面，坚持和完善人民代表大会制度、中国共产党领导的多党合作和政治协商制度、民族区域自治制度、基层群众自治制度等。在经济方面，我们坚持社会主义市场经济改革方向，构建高水平社会主义市场经济体制。在文化方面，我们坚持以马克思主义为指导，坚持学习并运用马克思主义，同时我们从来没有忘记中华优秀传统文化中的积极因素，并把这些与马克思主义的科学世界观和方法论有机融合在一起。在科技文明、生产发展等方面，我们保持开放谦虚的态度，学习借鉴其他文明的优秀成果。我们应及时总结人类文明新形态，并将之上升到更高的理论高度，以进一步弘扬和光大，绝对不能盲目学习西方、迷失自我、走上弯路歧路。

价值意义

党的十八大以来，我们对新时代党和国家事业发展作出科学完整的战略部署，提出实现中华民族伟大复兴的中国梦，以中国式现代化全面推进中华民族伟大复兴，不断丰富和发展人类文明新形态。对人类文明新形态的价值意义，可以从以下几个方面深入理解。

第一，走出了西方中心论认识惯性的误区。在文艺复兴尤其是工业革命之后，西方文明中心论长期成为一种垄断型的思维方式。即便是当今的世界体系，基本上仍是按照西方的标准来划分。实践已经证明，这一体系并不公平、公正。实际上，世界多数国家和地区并不能够享受西方文明的阳光雨露。第二，凸显了人类文明新形态的独特性。我们现在需要对中国式现代化道路的政治、经济、文化等层面所体现的独特之处进行系统总结，深化研究中华文明特质和形态，为人类文明新形态建设提供理论支撑。人类文明新形态的提出，有助于我们进一步增强走中国道路的自觉、坚定走中国道路的自信。第三，推动了中国文明和人类文明的融合。从人类文明的视野来看，中国式现代化将中国特色社会主义和近代以来中国人民探索现代化道路中的一些有益做法丰富到人类文明当中去，推动了中国文明和人类文明的融合。第四，充分发挥中国在世界现代化中的示范作用。面对百年变局下"世界怎么了""人类向何处去"的重大命题，习近平总书记在多个场合阐述中国主张，提出中国方案，传递中国经验、中国智慧，极具示范作用。现在世界上很多国家尤其是欠发达国家的经济长期处于低迷徘徊状态，社会亦动荡不安，中国式现代化道路的相关理念和实践方式能够提供宝贵借鉴。

《经济日报》（2022年12月08日第10版）

人类文明新形态的世界担当

田鹏颖

人类文明新形态为实现中华民族伟大复兴提供了更为完善的制度保证、更为坚实的物质基础、更为主动的精神力量,从而使中华民族伟大复兴进入了不可逆转的历史进程,充分体现了为解决人类问题贡献中国智慧的世界担当。

人类文明新形态的中国逻辑

人类文明形态经历了从低级到高级、从简单到复杂、从落后到进步的演进历程。不同社会形态的更替本质上是文明形态的更替,但任何一种社会(文明)形态都是具体的、历史的,而不是抽象的、超越现实的。从最根本的意义上说,人类文明形态的产生、发展和更替,是一定社会生产力发展、技术变革和社会制度变迁的产物。

近代以来，中国人民在历史的比较和鉴别中选择了走社会主义道路、建立社会主义制度。因此，在中国共产党领导下，新中国建设的文明形态必然是社会主义文明形态。21世纪的今天，中国共产党领导中国人民创造的人类文明新形态，正是基于中国特色社会主义制度以及中国式现代化新道路的一种历史性创造，是建立在中国式现代化新道路基石上的一个伟大实践成果，蕴涵着深厚、深刻、深邃的中国逻辑。

中国式现代化新道路是中国特色社会主义道路的具体形式，是新时代坚持和发展什么样的中国特色社会主义、怎样坚持和发展中国特色社会主义在现代化道路上的最新探索。人类文明新形态则是中国特色社会主义道路、理论、制度、文化支撑的人类文明新形态，是以创新、协调、绿色、开放、共享的新发展理念为统领的人类文明新形态，是推动物质文明、政治文明、精神文明、社会文明、生态文明协调发展的人类文明新形态。人类文明新形态是中国特色社会主义理论逻辑和实践逻辑的有机统一。

人类文明新形态的国际视野

在人类文明的历史进程中，随着资本主义驱动的世界现代化潮流，人类开始构建并形成了现代化文明。现代化文明所标注的人类文明演进的新阶段是在社会基本矛盾运动、社会生产方式变革和社会经济形态转变中生成的文明新阶段。资本主义现代化文明是以资本为中心的现代文明，是资本的运动、资本的力量、资本的逻辑相结合创造的一种现代文明。然而，资本主义现代化文明在发展演进过程中，由于资本主义制度的深层局限和内在矛盾，不可能协调发展，必然造成资本与劳动的对立，物的世界与人的世界的对立，生产与生态的对立，其物质文明成就往往以其他文明的丧失、沉沦为代价，从而酿成资本主义社会发展的全面危机。马克思所揭示的资本主义现代化文明的内在悖论，启示我们必须"重建社会"现代化文明，实现对资本主义现代化文明的历史超越，实现人与自然、人与人（社会）矛盾的真正和解。

中国特色社会主义现代化文明是在不忘本来、借鉴外来、开启未来中创造的新的现代化文明，是批判、改造、汲取资本主义的现代化文明，是在借鉴人类一切优秀文明成果基础上的再创造。中国共产党领导全国人民从中国实际出发，洞察时代大势，把握历史主动，创造了中国式现代化新道路，形成了充分发挥社会主义政治优势和制度优势，集经济建设、政治建设、文化建设、社会建设、生态文明建设"五位一体"的总体布局和社会主义物质文明、政治文明、精神文明、社会文明、生态文明相统一的人类文明新格局，从而创造了人类文明新形态。人类文明新形态是中国式现代化新道路合规律性与合目的性发展的必然结果，是中国共产党站在世界文明之巅的伟大创造。从文明形态看，人类文明新形态是中华文明新形态；从现代化形态看，人类文明新形态是中国特色社会主义现代化文明新形态；从文化形态看，人类文明新形态是中国特色社会主义文化新形态；从人的存在形态看，人类文明新形态是人的全面发展新形态。

何为人类文明新形态

人类文明新形态的世界意义

从马克思的世界历史理论视域考察,人类文明新形态既属于现在又属于未来,既属于中国又属于世界。无论从事实还是从价值层面考察,人类文明新形态都占据了人类文明的制高点,既立足于为中国人民谋幸福、为中华民族谋复兴,又着眼于为世界谋大同,大大增强了中国创造的人类文明新形态的国际影响力和世界话语权,充分展现了人类文明新形态的世界担当。

从世界历史看,人类文明新形态是在世界现代化几百年的历程中、一些主要资本主义国家已经完成现代化进程、世界正经历百年未有之大变局背景下的独立创造。从当代世界看,人类文明新形态是在世界上那些既想加快发展、又想保持其相对独立性的广大发展中国家追求现代化背景下的独立创造。生成于中国式现代化新道路上的人类文明新形态不仅具有中国特色,而且反映世界趋势,不仅造福中国,而且造福世界。实践表明,中国式现代化新道路越走越宽广,将更好发展自身、造福世界。这是人类历史的选择,是世界人民的期待。

人类文明新形态作为一种全新的人类文明观,集中体现了马克思主义的时代精神和开放精神,集中体现了在历史进程中赓续5000多年中华优秀传统文化的高度理论自觉和政治自觉,使既古老悠久又充满时代活力的中华文明以更高级、更开放、更包容的姿态面向世界、走近世界、拥抱世界,为世界各国人民擘画出新的文明形态。马克思主义关于未来共产主义社会的美好图景,应当是社会生产力高度发达,社会财富极大丰富,人们的合理需求得到充分满足;生产资料为全社会共同占有，人们为了共同利益，按照科学规则平等参与生产经营；人们精神生活极大丰富，思想觉悟和道德水平极大提高，人人具有大公无私、乐于奉献的高尚情操，推己及人、爱人如己成为人们相互交往的自觉遵循；国家、政党、阶级和阶级斗争将最终消亡，各民族实现大融合，人与自然、人与人真正"和解"，世界将呈现出一派美美与共、天下大同的景象。而所有这些未来社会文明新元素，我们在人类文明新形态中都可见一斑。

中国共产党和中国人民创造的人类文明新形态，兼顾效率与公平、促进人的全面发展、逐步实现全体人民共同富裕；经济社会发展相协调，物质文明、政治文明、精神文明、社会文明、生态文明均衡发展；尊重自然、顺应自然、保护自然，人与自然和谐共生；高举和平、发展、合作、共赢旗帜，坚持走和平发展道路，推动构建人类命运共同体等，无不充分体现人类文明新形态的世界担当。

《学习时报》（2021 年 10 月 04 日第 A2 版）

何为人类文明新形态

以系统观念正确认识人类文明新形态

邱耕田

习近平总书记在庆祝中国共产党成立100周年大会上首次提出了"人类文明新形态"的概念,党的十九届六中全会审议通过的《中共中央关于党的百年奋斗重大成就和历史经验的决议》也强调:"党领导人民成功走出中国式现代化道路,创造了人类文明新形态,拓展了发展中国家走向现代化的途径"。"人类文明新形态"无疑是一个具有重大理论和实践意义的新提法,对于其涵义,只有坚持马克思主义的观点和方法才能获得正确认识。

系统观念是具有基础性的思想和工作方法

唯物辩证法为我们深刻揭示了世界存在的本来面目问题,即我们所面对的是一个普遍联系和永恒发展的物质世界,而世界的普遍联系是以系统的形式存在着。世界万物以系统性存在和发展的客观事实,要求人们在认识世界和改造世界的活动中,必须确立一种系统观念。习近平总书记指出:"党的十八大以来,党中央坚持系统谋划、统筹推进党和国家各项事业,根据新的实践需要,形成一系列新布局和新方略,带领全党全国各族人民取得了历史性成就。在这个过程中,系统观念是具有基础性的思想和工作方法。"作为"基础性的思想和工作方法"的系统观念,当然也是我们准确把握人类文明新形态的重要分析工具。

系统观念和人类文明新形态之间存在着怎样的关联?众所周知,人类社会是物质世界的一部分,也是处于普遍联系和永恒发展之中的,这意味着,人类社会实际上也是一种系统性存在。社会既然是一个系统,那么,人类所创造的文明当然也是一种系统性的文明了。这种人类文明的系统性特质就要求我们必须以系统观念去看待人类文明特别是新形态的人类文明。

人类文明新形态的系统性表现

以系统观念考察人类文明新形态,根本要求在于从共性和统一性角度把握人类文明。共性表达的是不同人类文明之间的共同点,统一性反映的是不同人类文明之间相互依存、相互贯通的情况。在唯物辩证法的系统观看来,人类文明新形态所拥有的系统性主要表现在四个方面:

文明内涵的整体性。就构成要素来看,新形态的人类文明是一种整体文明,这种整体文明是我们"推动物质文明、政治文明、精

何为人类文明新形态

神文明、社会文明、生态文明协调发展"的结果。只有五种文明的有机统一，才能在构成要素上生成新形态的人类文明。五种文明是人们在社会系统的不同领域、不同方面进行实践创造而取得的积极成果。在马克思主义文明观看来，文明具有历史的生成性。这种生成性表现为，文明总是处在不断的发展演进过程中的，从而呈现出由简单到复杂、由低级到高级、由单一到综合的趋进态势。人类文明发展到今天，在日益强烈的社会化大生产和日益密切的社会交往的强势推动下，其在内容结构上，就日渐呈现出一种综合化的发展趋势，从而逐步生成了一种整体性的文明形态。整体文明的出场，意味着我们对人类文明新形态的理解，只能基于整体性的视角去把握。

文明主体的共同体性。就文明主体来看，新形态的人类文明主体是一种"人类文明共同体"。人类只有一个地球，各国同创人类文明，由此形成了休戚与共、命运相连的"人类文明共同体"。"人类文明共同体"的出现，既拓展了人类命运共同体的理念，又实现了人类文明发展的重大飞跃。只有着眼于世界各国文明创造的共性和统一性，才会构建一种新形态的人类文明。

文明关系的和谐性。人类文明是共性和个性、普遍性和特殊性的统一。人类文明发展到今天，其主要的关系形态就是一种和谐关系，而正是不同文明间的和睦相处、协调共进，才构成了当今丰富多彩的人类文明。追求不同文明关系的和谐性，就是要以文明交流超越文明隔阂、文明互鉴超越文明冲突、文明共存超越文明优越，尤其是要反对文明关系问题上的文明冲突论和文明优越论。文明冲突论只看到了文明间的差异、对立而没有看到文明间的统一，文明优越论只看到了文明的特殊性而没有看到它的普遍性，这两种论调都是错误的。人类文明发展到今天，和谐相处、共生共荣是其主流样态，对立冲突则是一种病态。人类历史告诉我们，企图建立单一文明的一统天下，是一种不切实际的幻想。

文明创造的共进性。就创造人类文明的实践方法来看，人类文明新形态的创造要求坚持共进性的基本原则。我们在创造人类文明新形态的实践进程中，要坚持协同推进的实践方法。人类文明新形态的五个组成部分协调发展、全面发展，而非某一两个要素或子内容的单一发展、片面发展。在推进人类文明发展的进程中，必须坚持团结合作、互利共赢的实践做法。既然不同主体所创造的文明在关系上具有和谐性，我们就要尊重世界文明的多样性，推动不同文明之间的交流互鉴，在互鉴中取长补短，兼收并蓄，共同绘就人类文明美好画卷。

中国是创造人类文明新形态的坚定力量

系统观虽然着眼的是人类文明及其创造的共性和统一性，但它并不否认人类文明之间所存在的差异性或多样性特征，它是以肯定和保护这种多样性为前提的。人类在漫长的历史长河中，创造和发展了多姿多彩的文明。正是在将共性和个性、统一性和多样性相结合的认识中，我们才能真正领会到人类文明新形态及其创造的涵义和做法。

当我们基于辩证系统观来分析人类文明新形态时，我们分明看

何为人类文明新形态

到了这样一种当代人类文明实践的基本现象:中国是创造人类文明新形态坚定的引领性力量。新时代的中国共产党人在把握人类文明演进规律的基础上,深刻洞察到了文明发展的系统化、综合化的大趋势,不仅率先提出了人类文明新形态的理念,而且在实践中积极实现着这一文明新形态。

创造人类文明新形态的中国主张。习近平总书记指出,文明多样性是人类社会的基本特征。一个国家和民族的文明是一个国家和民族的集体记忆。人类在漫长的历史长河中,创造和发展了多姿多彩的文明。文明因交流而多彩,文明因互鉴而丰富。任何一种文明,不管它产生于哪个国家、哪个民族的社会土壤之中,都是流动的、开放的。

创造人类文明新形态的中国实践。当今世界的潮流是和平、发展、合作、共赢,中国正是通过自身的积极作为在求和平、谋发展、促合作、图共赢以及创美好等方面努力建设着新形态的人类文明,由此表现出了一系列实践性力量。一是中国是追求和平的坚定力量。中国早就向世界郑重宣示,中国坚定不移走和平发展道路,既通过维护世界和平发展自己,又通过自身发展维护世界和平。走和平发展道路,是我们对国际社会关注中国发展走向的回应。二是中国是谋求发展的坚定力量。中国一心一意办好自己的事情,既是对自己负责,也是为世界作贡献。我们推动共建"一带一路"、设立丝路基金、倡议成立亚洲基础设施投资银行等,目的是支持各国共同发展。在当前百年一遇的抗疫实践中,中国积极推动国际抗疫合作,为全球战疫贡献力量、注入信心,让世界看到了一个负责任大国的勇毅担当。三是中国是促进公正的坚定力量。中国将积极承担更多国际责任，同世界各国一道维护人类良知和国际公理，在世界和地区事务中主持公道、伸张正义。四是中国是促进平等民主的坚定力量。中国一直进行着推动国际关系民主化的努力，主张国家不分大小、强弱、贫富，都是国际社会平等成员，都有平等参与国际事务的权利，世界的命运必须由各国人民共同掌握，世界上的事情应该由各国政府和人民共同商量来办。五是中国是建设美丽世界的坚定力量。中国坚持走绿色、低碳、可持续发展之路，大力推进生态文明建设，推动绿色循环低碳发展。中国把应对气候变化融入国家经济社会发展中长期规划，坚持减缓和适应气候变化并重，通过法律、行政、技术、市场等多种手段，全力推进各项工作。

《学习时报》（2022年02月23日第A1版）

何为人类文明新形态

人类文明新形态的世界意义

李包庚　熊　峰

中华民族是世界上古老而伟大的民族,创造了绵延五千多年的灿烂文明,为人类文明进步作出了不可磨灭的贡献。习近平总书记在庆祝中国共产党成立100周年大会上的讲话中指出:"我们坚持和发展中国特色社会主义,推动物质文明、政治文明、精神文明、社会文明、生态文明协调发展,创造了中国式现代化新道路,创造了人类文明新形态。"人类文明新形态是中国共产党着眼人类文明演进和世界历史发展大势提出的一个全新命题,为人类文明进步指明了方向。

超越"西方中心论",为发展中国家走向现代化提供中国经验。通过现代化实现民族振兴与发展是世界各国追求的共同目标。自工业革命以来,现代化一度以西方式现代化为主。在很多西方中心主义者看来,"现代化"就是"西方化"。不可否认,西方式现代化道路的确一度推进了社会生产力的快速发展,直接或间接地推动各地域性文明加速跨越前资本主义文明形态,进入到资本主义文明形态行列中,创造了近代工业文明,推动了人类文明的快速发展。正如马克思恩格斯指出:"资产阶级在历史上曾经起过非常革命的作用""在它的不到一百年的阶级统治中所创造的生产力,比过去一切世代创造的全部生产力还要多,还要大"。因此,长期以来,西方模式作为实现现代化的"固有"逻辑,被世界各国纷纷效仿。但西方式现代化道路始终是以资本为核心,遵循资本的逻辑,进行资本的运动,试图以西方式现代化为模板,打造一个以"中心—边缘"为特征的同质化世界。此外,西方式现代化道路在建构世界历史图景之时,是凭借其工业化和科学技术的先发优势,以殖民掠夺、帝国征服、文明输出、政治奴役及残酷剥削的方式实现现代化。正如马克思说,资本在积累过程中,"一极是财富的积累,同时在另一极,即在把自己的产品作为资本来生产的阶级方面,是贫困、劳动折磨、受奴役、无知、粗野和道德堕落的积累。"

　　人类历史上,没有一个民族、没有一个国家可以通过依赖外部力量、跟在他人后面亦步亦趋实现强大和振兴。那样做的结果,不是必然遭遇失败,就是必然成为他人的附庸。中国式现代化道路既不照搬照抄西方式现代化道路,也不"脱钩"或"依附"资本主义世界体系,而是开创了走自己的路,即独立自主走适合自己国情的现代化发展的新道路,走出了一条符合历史发展潮流的新道路。可以说,走自己的路,是党的全部理论和实践立足点,更是党百年奋

何为人类文明新形态

斗得出的历史结论。今天,中华民族向世界展现的是一派欣欣向荣的气象,巍然屹立于世界东方。作为一种全新的现代化道路,中国式现代化道路成功打破了所谓的现代化"二难困境",打破了"现代化"就是"西方化"的先验逻辑,正以新的人类文明形态超越传统西方式现代化道路旧的人类文明形态,验证了马克思的"卡夫丁峡谷"之问:是否"可以不通过资本主义制度的卡夫丁峡谷,而把资本主义制度所创造的一切积极的成果用到公社中来",并破解了关于东方社会在跨越资本主义"卡夫丁峡谷"后如何发展的历史难题。总之,中国式现代化道路拓展了现代化的内涵与路径,为发展中国家走向现代化开辟了新路径。

超越"文明冲突论",为重构世界普遍交往新范式贡献中国智慧。文明是多元性、包容性存在物,并不只有野蛮和冲突。事实证明,"文明冲突论"既不符合历史发展规律,也不符合人类文明发展潮流。因为在整个人类文明历史进程中,不同文明之间完全可以相互包容、取长补短,在求同存异的基础上实现共同发展。中国共产党创造的人类文明新形态不同于西方文明的文明观,是平等、互鉴、对话、包容的文明观,基于中华文明"世界大同""天下一家"的历史底蕴,抱守"协和万邦""和合共生"的文明基因,强调文明因多样而交流,因交流而互鉴,因互鉴而发展。文明不是封闭单向度的,而是开放多元化的,也没有高低优劣之分,只有特色地域之别,文明间的差异不应该成为世界冲突的根源,而应该成为人类文明进步的动力。人类文明新形态为拓展人类文明进步空间,塑造世界各国憧憬的没有"文明优越""文明隔阂""文明冲突"等美好的新世界图景，重构世界普遍交往新范式贡献了中国智慧。

超越"霸权主义论"，为破解世界发展困境提供中国方案。面对世界发展困境与难题，迫切需要世界各国立足人类文明的高度，摒弃霸权主义，携手合作、同舟共济，找到走出全球治理困境的智慧与方案。中华民族自古以来就爱好和平，倡导"强不执弱、富不侮贫""万物并育而不相害，道并行而不相悖"的理念，深知"国虽大，好战必亡"的历史逻辑。因此，与霸权主义不同，中国共产党本着为人类谋进步、为世界谋大同的使命担当，提出构建人类命运共同体的主张，即建设一个持久和平、普遍安全、共同繁荣、开放包容、清洁美丽的世界。这个全新理念有助于塑造人类文明的新形态和范式。人类命运共同体是真正站在历史和时代、人类和世界的高度深刻认识、思考与把握"世界向何处去""人类向何处去"的新的建构性方案，为破解当今世界面临的发展困境与危机提供了中国方案。

中国共产党带领中国人民百年来的奋斗，不仅拯救了"国家蒙辱、人民蒙难、文明蒙尘"的中华民族，而且始终以世界眼光关注人类前途命运，深刻改变了世界历史发展的进程，回答了人类社会究竟是"文明的冲突"还是"文明的和平"、是"历史的终结"还是"人类文明的延续"的"历史之问"。人类文明新形态还将为解答时代之问、引领时代发展提供中国经验、中国智慧与中国方案。

《学习时报》（2022年05月16日第A2版）

何为人类文明新形态

人类文明新形态的理论内涵和世界意义

冯鹏志　曹润青

人类文明新形态，是习近平总书记在庆祝中国共产党成立100周年大会重要讲话中提出的重要范畴，是我们党百年来奋力推进中华民族伟大复兴历史成就的深刻表征。人类文明新形态的创造与实践，由于坚持以中国共产党领导为最高原则，以中国特色社会主义为根本方向，以中华优秀传统文化及其创造性转化和创新性发展的实践积淀为深厚底蕴，以中国式现代化和新发展理念为坚实路径，以推动构建人类命运共同体为时代精神，不仅为中华民族的伟大复兴提供了更为完善的制度保证、更为坚实的物质基础、更为主动的精神力量，而且为21世纪的人类文明更新发展提供了重要的中国底蕴。

高扬中国特色社会主义的文明旗帜

任何一种文明形态的创造,既依赖于其创造者对自身历史条件和历史境遇的把握,更依赖于其对自身发展方向和道路的认定与选择。坚定不移走中国特色社会主义道路,是中国共产党和中华民族百年奋斗的选择,也标注了中国共产党和中华民族百年奋斗的文明指向。

回顾历史可以看到,自西方文艺复兴运动以来,资本主义文明率先崛起。然而,由于内在固有矛盾的持续积累和各种社会危机的频繁出现,资本主义文明的弊端和历史局限性也日益深刻地显现出来。正是在这样的历史背景下,社会主义开始作为一种超越资本主义的崭新文明形态强有力地出现在人类历史舞台上。

十月革命一声炮响,在推动了社会主义由理论走向实践的同时,也现实性地开启了通过建设社会主义为人类探索新型文明形态的历史进程。令人遗憾的是,随着苏东剧变,曾经在苏联和一大批东欧国家中展开的建设社会主义文明形态的探索戛然画上了句号。然而,历史没有终结,文明不会凋谢。获得新生的古老文明大国——中国,由于中国共产党的诞生并坚持在实践中把科学社会主义基本原理同中国实际相结合,成功地走出了一条中国特色社会主义道路。

中国特色社会主义道路的开创和拓展,推动了社会生产力的极大解放和发展,推动了物质文明、政治文明、精神文明、社会文明、生态文明的协调发展,推动了人的全面发展和共同富裕,塑造了举世瞩目的中国奇迹,既为中华民族伟大复兴提供了更为完善的制度

何为人类文明新形态

保证、更为坚实的物质基础、更为主动的精神力量，又在人类发展史上高高举起了中国特色社会主义伟大旗帜，给世界上那些既希望加快发展又希望保持自身独立性的国家和民族提供了创造性示范和全新选择，展现了中国共产党和中国人民创造并示范人类文明新形态的生动实践。概言之，所谓人类文明新形态，新就新在它塑造并示范了一种不断解放和发展生产力从而能够创造更高经济社会发展水平的社会主义文明形态；塑造并示范了一种以建立、巩固、完善和发展社会主义制度为制度基础的社会主义文明形态；塑造并示范了一种切实尊重人民群众首创精神和充分发挥人民群众精神主动力量的社会主义文明形态；塑造并示范了一种以新发展理念为引领，满足人民对美好生活的向往并推动全体人民共同富裕和人的全面发展的社会主义文明形态。

党的十八大以来，随着我国社会主要矛盾转化为人民日益增长的美好生活需要和不平衡不充分的发展之间的矛盾，我们党带领人民着力解决发展不平衡不充分问题，更好满足人民在经济、政治、文化、社会、生态等方面日益增长的需要，更好推动人的全面发展和社会的全面进步，形成创新、协调、绿色、开放、共享的新发展理念及其系统性实践，极大推进了我国的物质文明、政治文明、精神文明、社会文明、生态文明的协调发展，使中国特色社会主义道路不仅成为塑造中国奇迹之路，成为推动人的全面发展和满足人民美好生活向往之路，也成为引领人类文明交流互鉴的时代精神之路。

彰显中国共产党伟大奋斗的文明底蕴

人类文明新形态，不是从天上掉下来的，而是在中国共产党和中华民族的伟大奋斗中创造出来的。在百年来的奋斗历程中，中国共产党坚持以马克思主义为指导，坚持把马克思主义基本原理同中国具体实际相结合、同中华优秀传统文化相结合，更好构筑中国精神、中国价值、中国力量，以博大开放的文明融通格局为人类文明新形态的创造与实践提供了源头活水。

第一，人类文明新形态的创造，源自马克思主义的文明理想。马克思主义是我们立党立国、兴党强国的根本指导思想，是中国共产党的灵魂和旗帜。百年来，我们党把马克思主义基本原理同中国革命和建设的具体实际结合起来，以社会主义拯救了中国；把马克思主义基本原理同中国改革开放的具体实际结合起来，以中国特色社会主义发展了中国；把马克思主义基本原理同新时代中国具体实际结合起来，在完善和发展中国特色社会主义中推动中华民族伟大复兴进入了不可逆转的历史进程。遵循马克思主义所揭示的人类社会发展规律与人类解放伟大理想，不断推进马克思主义中国化时代化，为人类文明新形态的创造与实践提供了最坚实的思想引领、最坚固的理论支撑和最坚定的道路方向。

第二，人类文明新形态的创造，源自中华民族的文明精髓。中华文明是人类文明的发展源头之一，也是人类历史上唯一实现连续发展的文明体。在五千多年漫长历史中所形成的人类关怀意识、个体修养要求和伦理责任原则尤其是"文明以止"境界，奠定了中华民族文明思维的基本要素，凝成了中华民族在文化立场上的基本尺度，成为中华民族能够在漫长历史进程和剧烈历史洪流中始终站稳脚跟的"文明的活的灵魂"。党的十八大以来，习近平总书记创造性提出"两个结合"的新论断，推动中华优秀传统文化实现创造性转化、创新性发展，为人类文明新形态实践提供了中华文明的丰厚滋养、注入了中华文明的道德源泉、赋予了中华文明的解题智慧，充分展现了中华优秀传统文化对于塑造人类文明新形态的磅礴力量。

第三，人类文明新形态的创造，源自中国共产党的文明自信。为中国人民谋幸福、为中华民族谋复兴，是中国共产党人的初心使命。为人类谋进步、为世界谋大同，是中国共产党人的天下情怀。百年来，我们党始终以世界眼光关注人类前途命运，从人类发展大潮流、世界变化大格局、中国发展大历史认识和处理同外部世界的关系，不断为人类文明进步贡献卓越智慧和坚实力量。党的十八大以来，面对单边主义、保护主义、霸权主义、强权政治对世界和平与发展威胁上升，逆全球化思潮抬头，世界百年未有之大变局进入加速演变期的新的国际形势，面对前所未有的外部风险挑战和危机危局，我们党坚定统筹两个大局，坚持走和平发展道路，弘扬和平、发展、公平、正义、民主、自由的全人类共同价值，积极推动构建人类命运共同体成为引领时代潮流和人类前进方向的鲜明旗帜，深刻地彰显了人类文明新形态实践重大的时代引领价值和深远的世界历史意义。

展现中国式现代化道路的文明追求

坚定不移推进中国式现代化，是当代中国的历史选择，也展现了中国共产党和中国人民为人类社会探索更合理现代化道路与前景的卓越贡献。人类文明新形态实践及其观念创新，由于注重以唯物史观的文明实践观点去揭示文明形态的本质属性，以世界历史的开阔眼光去阐发文明关系的本质要求，以人类解放的价值关怀去把握文明发展的本质承诺，既深刻突破了西方中心主义文明观及其对人类文明思维方式的局限，也为实现对西方现代化模式的超越提供了开拓性贡献。

第一，实现对西方中心主义文明观的根本性突破。中国共产党人是马克思主义文明观的忠实继承者、坚定实践者、创新开拓者。在百年奋斗中，我们党不仅从未停止对社会主义新文明的探索，也从未停止过对西方中心主义文明观的批判和突破。党的十八大以来，面对人类文明发展实践及其观念建构长期面临的复杂历史与思想困境，习近平总书记放眼两个大局，立足于中国特色社会主义的文明创造及历史底蕴，创造性展开对人类文明本质及其历史创造的深刻阐发。这就是：深刻揭示人类文明在本质上所具有的多样、平等、包容的属性，深刻批判西方中心主义文明观及其文化霸权主义，阐发了当代中国在文明本质问题上的根本观点和思想立场；深刻诠释人类文明在互动关系上所具有的交流、互鉴、共存的根本特征，深刻批判文明优越论、文明冲突论等错误思潮，彰显了当代中国在把握和处理文明关系问题上的本质追求和实践格局；深刻阐发人类文明发展需要遵循的共商、共建、共享的根本原则，深刻批判历史终结论和反全球化思潮，展现了中国式现代化对于人类文明发展正确路径的积极建构。

何为人类文明新形态

第二，实现对西方现代化模式弊端的整体性超越。现代化尤其是资本主义的现代化模式，在推进了人类文明发展的同时，也在人与世界的关系上构成了困境。人类文明新形态的创造与实践，由于坚持以马克思主义的世界观和文明观去把握和塑造人与世界的关系，从而为从整体上消解西方现代化模式的弊端或"赤字"提供了创造性解决路径的示范。展开来看：在消解生态赤字的示范上，人类文明新形态实践注重同步推进物质文明建设和生态文明建设，走出了生产发展、生活富裕、生态良好的文明发展道路；在消解发展赤字的示范上，人类文明新形态实践将推动我国全体人口整体迈入现代化社会，其规模超过现有发达国家的总和，将彻底改写现代化的世界版图；在消解治理赤字的示范上，人类文明新形态实践坚持以人民为中心的发展思想，自觉主动解决地区差距、城乡差距、收入分配差距，促进社会公平正义，逐步实现全体人民共同富裕，坚决防止两极分化；在消解信仰赤字的示范上，人类文明新形态实践坚持社会主义核心价值观，加强理想信念教育，弘扬中华优秀传统文化，增强人民精神力量，促进物的全面丰富和人的全面发展；在消解和平赤字的示范上，人类文明新形态实践强调同世界各国互利共赢，推动构建人类命运共同体，为人类和平与发展贡献了重要的中国智慧、中国方案、中国力量。

习近平总书记指出，未来之中国，必将以更加开放的姿态拥抱世界、以更有活力的文明成就贡献世界。这鲜明地呈现了中国共产党和中华民族的崇高理想和文明追求，生动地说明了人类文明新形态实践对于塑造和引领人类文明发展进步的时代价值与历史意义。

我们坚信，随着人类文明新形态实践的深化与拓展，不仅21世纪的中国将更加坚定地迈开实现中华民族伟大复兴的历史步伐，而且21世纪的人类社会也将更加坚实地迈向平等、互鉴、对话、包容的文明发展新境界。

《学习时报》（2022年09月19日第A2版）

学术圆桌

> 学术圆桌

中国式现代化文明新形态的世界意义

王宇航

中国要实现的现代化是基于中国国情的现代化,是以人民为中心的现代化,是物质文明、制度文明、精神文明全面协调的现代化,是与其他文明的现代化交流互鉴的现代化,是人与自然和谐共生的现代化。这不仅是对中华文明的传承和赓续,更是对近现代工业文明的超越和创新。

从西方文明观念与国际意识形态斗争中观瞻中国式现代化

殖民主义和工业革命从欧洲走向世界的19世纪,文明观念问题曾经是国际法理论和实践中的核心问题。欧洲人通过主导国际法制定和全球殖民体系,将世界各国划分为文明人的国家、不完全文明人的国家、野蛮人的国家和未开化人的国家,不同文明等级的国家分别具有国际法上的整全人格和非整全人格,并分别对应不同的国际法权利。欧洲列强不仅通过工业革命释放的巨大生产力人为将全球各国作出"文

> **学术圆桌**

明"与"野蛮"之别,也通过知识生产和文化输出制造了"文明与进步"的知识和话语体系。后者通过人的观念传承和教育体系影响全球,更为深远和隐秘的是,以至殖民体系瓦解后西方文明观念都顽固存在于欧美文明以外的其他地区,并产生诸多如"民主国家"、市场经济国家、自由化等一系列"文明国家"的话语变体。

两极格局解体后,美国学者弗朗西斯·福山的《历史的终结及最后之人》、塞缪尔·亨廷顿的《文明的冲突与世界秩序的重建》等著作,再次引起学术界对文明问题的持久而巨大的争论。一方面,福山认为随着冷战结束,西方文明及其价值观取得决定性胜利,历史将终结于欧美的自由民主制度;另一方面,亨廷顿则认为,冷战结束意味着意识形态斗争不再是国际冲突的根源,取而代之是文明差异及其不可避免的冲突。尽管二人在这两本书中的观点针锋相对,但立场都是维护西方价值观合法性和政治经济整体利益,强调所谓美国对全球秩序的领导责任。"9·11"事件发生以后,美国对外发动的多次战争似乎都带有"文明冲突"的影子,而且这些地区的形势因为美国等外部力量介入更加尖锐复杂,战后重建和难民问题更加激化了地区矛盾并引发局势动荡。2008年发源于美国的国际金融危机严重冲击国际金融秩序

何为人类文明新形态

▎学术圆桌

和全球经济合作,也客观宣告新自由主义模式的破产,西方世界主导国际社会的"文明"话语体系面临巨大挑战和现实悬浮。

改革开放40多年来,在中国共产党的领导下,中国式现代化新道路不仅逐步实现国家富强、人民幸福,而且为世界和平与发展贡献中国力量,为广大发展中国家探索适合自身国情的发展道路作出典范。2010年,中国成为世界第二大经济体;2020年,我国人均国民总收入成功跨过1万美元大关。中国是爱好和平的国家,从来没有侵略过其他任何国家,发展起来的中国更不会走西方国家全球扩张的老路,而是始终不渝做世界和平的建设者、全球发展的贡献者、国际秩序的维护者。但西方国家不甘于国际话语权式微,使用自己的"文明"逻辑审视中国发展,将中国发展视为威胁和挑战,对中国内政指手画脚,将中国推动国际合作视作"地缘扩张",并以政治小集团企图"围堵"中国,以多边之名行单边之实,国际舆论场的意识形态对立再次凸显和日益尖锐化。习近平总书记指出,"靠冷战思维,以意识形态划线,搞零和游戏,既解决不了本国问题,更应对不了人类面临的共同挑战"。面对波谲云诡的国际形势和斗争形势,我们要更加坚定中国特色社会主义道路,坚持推动文明交流互鉴,

> 学术圆桌

努力扩大各国共同利益汇合点，为探索人类现代化文明多元实现路径作出中国贡献。

中国式现代化为世界文明创新哲学基础

中国建设现代化的过程，既是社会文明程度逐步提升的发展变迁，也是融入世界发展大潮、与世界各国命运与共的历史进程。党的十八大以来，中国特色社会主义呈现前所未有的道路自信、理论自信、制度自信、文化自信，中国式现代化具备一种人类文明新形态应有的历史厚度、现实依据、科学内涵和价值意蕴。随着中国全球影响力的显著提升，越来越多的国外学者注意到中国不仅逐步实现现代化，而且正以一种文明国家形态在国际社会大家庭中与各国和谐共处。中国式现代化不仅演绎了中华文明的现代序曲，而且印证了实现现代化的多元之路，对人类探索现代文明真谛具有重大的原创意义，对正在追寻现代化的世界其他国家具有重要的借鉴价值。

近现代西方文明观脱胎于世俗观念，但宗教信仰的心理机制仍然深刻影响和塑造着人们的心灵秩序。受启蒙运动的理性主义思潮和社会达尔文主义影响，西方国家把自身现代化路径视作人类社会进步的唯一客观真实来把握，并上升为

学术圆桌

社会发展的"文明真理"去信仰,在哲学基础上排斥其他文明产生现代化观念的可能性。中国式现代化体现马克思主义唯物论和辩证法,是唯物史观和科学社会主义与中国具体实际相结合的社会实践。中国共产党引领中国式现代化的近百年实践证明"马克思主义行",为世界其他国家和民族探索现代化提供一套不同于西方资产阶级哲学的科学理论和实践哲学。

中国式现代化为世界文明丰富精神谱系

几百年来,西方国家对世界的主宰不仅是疆域的占领和控制,更重要的是"思想殖民"和主体性扼杀。美国著名学者萨义德的"东方学"、美国新锐学者络德睦的"法律东方主义"等,都是东方主体缺席下的有关东方的话语体系。中国共产党成立百余年来,历经筚路蓝缕、艰辛探索,走向成熟的标志就是坚持把马克思主义基本原理同中国具体实际相结合、同中华优秀传统文化相结合,并经过理论提升成为马克思主义中国化理论,由此完成"理论—实践"循环互动。

百年余来,中国共产党不断铸造主体精神,形成包括建党精神在内的革命精神谱系,中国特色社会主义"四个自信"

> 学术圆桌

归根结底是建立起一个屹立于东方的世界最大政党的主体自信和执政能力。"中国已经可以平视这个世界了",是新时代中国共产党和中国人民自觉自信的生动写照。

中国式现代化为世界文明探索发展道路

现代化建设是系统工程,是政治、经济、文化、科技等方面全面协调发展进步的结果。世界各国历史文化传统不同,资源禀赋有别,相对优势各异,这就决定建设现代化的路径千差万别,在全球产业链和价值链的分工和地位也不一样。中国经过长期艰辛探索,才找到中国特色社会主义的发展道路。因此,必须坚持四项基本原则,坚持改革开放,坚持"两手抓、两手都要硬"。

中国特色社会主义进入新时代,我们深化改革开放,统筹推进"五位一体"总体布局和协调推进"四个全面"战略布局,充分体现党治国理政的总体思路,是中国式现代化通往民族复兴的规划总图。我们党治国理政的成功经验为广大发展中国家提供可资借鉴的宝贵经验,也为丰富和完善人类探索现代文明、建立现代政党制度和国家治理体系贡献中国智慧。

何为人类文明新形态

> 学术圆桌

中国式现代化为世界文明提供实践力量

中国式现代化是融入世界体系的过程，也是为人类作出更大贡献的过程。中国不仅以世界7%的耕地养活了世界1/5的人口，还通过粮食增产、出口和外援等方式促进了世界粮食安全。在社会主义市场经济的推动下，中国已成为全球最大的出口国和第二大进口国，其经济拉动全球贸易的增长和繁荣。尤其是2008年国际金融危机中，中国经济对全球经济增长的拉动作用甚至超过50%，对全球贸易及其他发展中国家的贸易恢复起到重要拉动作用。

同时，中国积极参与全球治理体系改革，通过"一带一路"倡议、二十国集团等机制促成多边合作。

中国式现代化为世界文明描绘共同愿景

中国共产党是世界最大政党，"大就要有大的样子"，立党百余年为本国人民福祉接力奋斗，为世界人民福祉作出巨大贡献。世界处于百年未有之大变局，世界秩序面临深度调整，新的科技革命蓄势待发，人类文明将在新技术的影响下深刻变革。在人类社会和人类文明面临选择的十字路口，中国提出推动构建人类命运共同体倡议和共建地球生命共同体理念，破解全球面对的和平、发展、治理、信任"四大赤字"。

> **学术圆桌**

一是维护现行国际体系和多边机制，树立全球命运与共意识，反对单边主义、保护主义和霸权主义。二是坚持共商共建共享的全球治理观，零和博弈、赢者通吃的国际规则已经不得人心，国际秩序和全球治理创新应该更多地反映广大发展中国家的意愿和利益。三是国际社会应该秉持风险共担精神，共同应对人类面临的全球风险和挑战，气候变化、恐怖主义、难民危机、网络安全、重大传染性疾病等都需要国际协作。四是坚持人类文明进步的总体方向，经历现代文明的洗礼，人类从各自的民族历史走向全球融合和普遍交往的世界历史阶段，各种文明都生发出不同形态但兼具全人类共同价值的现代文明，"美美与共、各美其美"才是文明相处之道。

同时，现代工业文明经历环境之殇，支撑绿色发展的新科技更加成熟，人类完全可以走向与自然的和解之路，在共建地球生命共同体的实践中找到实现人的自由发展的必由之路。

《人民论坛》（2021 年第 8 月下期）

学术圆桌

"人类文明新形态"的理论意蕴和思想智慧

顾海良

习近平总书记指出:"我们坚持和发展中国特色社会主义,推动物质文明、政治文明、精神文明、社会文明、生态文明协调发展,创造了中国式现代化新道路,创造了人类文明新形态。""人类文明新形态"以中国特色社会主义道路的发展为基本前提,以"五大文明"进步为主体内容,以"中国式现代化道路"的探索和发展为基本过程和目标,丰富了习近平新时代中国特色社会主义思想的科学内涵,体现了新时代中国化马克思主义的思想智慧。

"人类文明新形态",以党的十八大以来社会主要矛盾变化为根据,是对中国特色社会主义发展形态根本特征的概括

对社会发展形态特征和本质的正确认识,是以社会基本矛盾的分析和理解为基础的,特别是以社会主要矛盾的准确判断为根据的。"人类文明新形态"是中国共产党对新时代

> 学术圆桌

社会基本矛盾特别是社会主要矛盾转化的判断为根据的。新时代社会主要矛盾，是把握和理解"人类文明新形态"的关键。

根据改革开放特别是党的十八大以来中国特色社会主义发展的实际，习近平总书记在十九大上作了我国社会主要矛盾已经转化为"人民日益增长的美好生活需要和不平衡不充分的发展之间的矛盾"的判断。与之前八大和十一届六中全会提出的社会主要矛盾相比较，可以看到：八大提出"人民对于建立先进的工业国的要求同落后的农业国的现实之间的矛盾""人民对于经济文化迅速发展的需要同当前经济文化不能满足人民需要的状况之间的矛盾"的社会主要矛盾之后，经过20年的艰辛探索，在总体上确立了社会主义根本经济制度，提升了国家经济实力，逐步满足了人民基本需要。十一届六中全会提出"人民日益增长的物质文化需要同落后的社会生产之间的矛盾"这一社会基本矛盾之后，经过30年的艰苦奋斗，在深化经济体制改革和经济快速发展的基础上，实现了人民物质文化从温饱不足到全面小康的跨越。十九大提出社会主要矛盾时，中国特色社会主义正面临发展更为完善的制度保证、更为坚实的物质基础、更为主动的精神力量，朝着满足人民"美好生活需要"方向奋进的新时代。

何为人类文明新形态

> **学术圆桌**

通过解决这三次社会主要矛盾,中国共产党砥砺奋进、不断探索,同步迎来了中华民族从站起来、富起来到强起来的伟大飞跃。

在对待和处理新时代社会主要矛盾中,中国特色社会主义在发展形态上呈现新的特征。

第一,"美好生活"的"需要"得到拓展,涵盖物质、文化、民主、法治、公平、正义、安全、环境等八个主要方面。"需要",在人类文明进步及其形态变化中起着重要作用,有时甚至是首位重要作用。马克思在对人类文明进步及其形态演进因素的概述中,是以"他们各自的需要、他们的生产力、生产方式以及生产中使用的原料是怎样的;最后,由这一切生存条件所产生的人与人之间的关系是怎样的"为序列过程和传导系统的,"需要"在其中发挥着基础性的和牵引性的重要作用。恩格斯晚年把社会主义不断丰富的"需要"的内涵,概括为"愈益丰富地得到生活资料、享受资料、发展和表现一切体力和智力所需的资料"。"美好生活"涵盖恩格斯提出的"需要"的全部内涵。新时代"美好生活"的"需要",显示了人的全面发展的基本内涵,刻画了"人类文明新形态"的基本特征。

第二,相对于"需要"而言,发展的"不平衡不充分"

> 学术圆桌

突出体现的是经济、政治、文化、社会和生态文明五大建设发展的"供给"能力和状况。"五大建设"是满足"美好生活"八个方面"需要"的"供给"系统,推进"五位一体"总体布局充分的和全面的发展,是提升"美好生活"的"需要"的根本基础和必然要求,也是新时代中国共产党坚守"坚持全心全意为人民服务的根本宗旨""践行以人民为中心的发展思想"和"推动人的全面发展、全体人民共同富裕取得更为明显的实质性进展"的必然选择。新时代社会主要矛盾的两个方面的辩证发展,是"人类文明新形态"形成过程的内在机理和根本特征。

第三,新时代社会主要矛盾的变化,是关系坚持和发展中国特色社会主义全局的历史性变化。要提升"美好生活"的"需要"的水平和程度,就要在继续推动发展的基础上,着力解决好发展不平衡不充分问题,在全局上就要坚持党的基本理论、基本路线、基本方略,统筹推进"五位一体"总体布局、协调推进"四个全面"战略布局,全面深化改革开放,立足新发展阶段,贯彻新发展理念,构建新发展格局,全面建成社会主义现代化强国。在编制"十四五"规划时,习近平总书记指出:"我们要辩证认识和把握国内外大势,统筹中华民族伟大复兴战略全局和世界百年未有之大变局,深

何为人类文明新形态

▎学术圆桌 ●

刻认识我国社会主要矛盾发展变化带来的新特征新要求,深刻认识错综复杂的国际环境带来的新矛盾新挑战,增强机遇意识和风险意识,准确识变、科学应变、主动求变,勇于开顶风船,善于转危为机,努力实现更高质量、更有效率、更加公平、更可持续、更为安全的发展。""人类文明新形态"是新时代社会主要矛盾发展的必然趋向,同新时代坚持和发展中国特色社会主义紧密地联系在一起,同中国共产党规划和部署的第二个一百年奋斗目标牢牢地连接在一起,也是面向全面建成社会主义现代化强国发展的必然形态。

"人类文明新形态",是实现全面建成小康社会目标后,对"中国式现代化"发展方向和目标的科学概括,也是中华民族伟大复兴进程中的新形态

中国共产党百余年历程,致力于"求得民族独立和人民解放"和"实现国家繁荣富强和人民共同富裕"两大历史任务。在新民主主义革命胜利,完成第一大历史任务后,新中国一经成立,中国共产党就开始以实现社会主义现代化为旗帜,矢志不移地为完成第二大历史任务而奋斗。1954年9月,在第一届全国人大第一次会议开幕词中,毛泽东同志提出"将我们现在这样一个经济上文化上落后的国家,建设成

学术圆桌

为一个工业化的具有高度现代文化程度的伟大的国家"的奋斗目标。中国共产党深切感悟到:"如果我们不建设起强大的现代化的工业、现代化的农业、现代化的交通运输业和现代化的国防,我们就不能摆脱落后和贫困,我们的革命就不能达到目的。"1957年,毛泽东同志在《关于正确处理人民内部矛盾的问题》中,进一步明确"将我国建设成为一个具有现代工业、现代农业和现代科学文化的社会主义国家"的重要思想。"四个现代化"的宏伟目标,表达了全国各族人民的共同愿望,体现了中国共产党完成"实现国家繁荣富强和人民共同富裕"历史任务的决心。在1975年召开的四届全国人大一次会议上,中国共产党提出"全面实现农业、工业、国防和科学技术的现代化,使我国国民经济走在世界的前列"的奋斗目标。

1978年12月召开的党的十一届三中全会,决定把党和国家工作的重点转移到社会主义现代化建设上来。1979年3月,邓小平同志提出"中国式的现代化"的"新说法",认为"我们当前以及今后相当长一个历史时期的主要任务就是搞现代化建设。能否实现四个现代化,决定着我们国家的命运、民族的命运。社会主义现代化建设是我们当前最大的政治。现在搞建设,也要适合中国情况,走出一条中国式的现

何为人类文明新形态

> **学术圆桌**

代化道路"。"中国式的现代化"思想是邓小平同志同时提出的"小康社会"的基础;"小康社会"以及之后实施的"全面建设小康社会"和"全面建成小康社会",则丰富了"中国式的现代化"的内涵和目标。

党的十八大以来,以习近平同志为主要代表的中国共产党人坚持和发展中国特色社会主义,在决胜全面建成小康社会、实现第一个百年奋斗目标的历程中,在继续推进社会主义现代化强国建设、继续实现第二个百年奋斗目标新的历程中,赋予"中国式现代化"以新的内涵,成就了"人类文明新形态"的历史底色和时代精神。

新时代的"中国式现代化",以中国"独特的文化传统,独特的历史命运,独特的基本国情,注定了我们必然要走适合自己特点的发展道路"为圭臬,在目标内涵上,形成了富强、民主、文明、和谐、美丽的社会主义现代化强国的新目标;在总体发展中,提出了国家治理体系和治理能力现代化的新课题;在战略规划中,升华了社会全面文明发展形态的新境界。回溯历史、立足现实和瞻望未来,习近平总书记把坚持和发展中国特色社会主义,推动物质文明、政治文明、精神文明、社会文明、生态文明全面的、协调的发展,升华为"创造了中国式现代化新道路,创造了人类文明新形态"

学术圆桌

的新思想。

新时代的"中国式现代化",赋予社会主义现代化以更加卓著的发展目标和更加鲜亮的中国特色。习近平总书记在对新发展阶段"中国式现代化"基本特征的新概括中提出:"中国现代化是人口规模巨大的现代化,是全体人民共同富裕的现代化,是物质文明和精神文明相协调的现代化,是人与自然和谐共生的现代化,是走和平发展道路的现代化。"这五个方面的概括,既是中国式现代化道路特征的概括,也是"人类文明新形态"内在规定的集中体现,在内涵和特征上,把"中国式现代化"与"人类文明新形态"更为紧密地结合在一起。马克思在对以往社会文明形态特征概括时指出:"一方的人的能力的发展是以另一方的发展受到限制为基础的。迄今为止的一切文明和社会发展都是以这种对抗为基础的。"新时代与"中国式现代化"相结合的"人类文明新形态",开辟了人类文明发展的新的道路和新的方向。

"人类文明新形态",是在新发展阶段"量变"向"部分质变"转变的过程,是对中国特色社会主义道路发展和制度完善特征的全面概括

人类文明形态存在于人类社会发展不同阶段和接续发展

> 学术圆桌

过程中。中国特色社会主义道路和制度，是在经济文化相对落后的不发达阶段和过程中形成和发展起来的，"不发达"也一直是社会主义发展的基本态势。1959年，毛泽东同志指出："社会主义这个阶段，又可能分为两个阶段，第一个阶段是不发达的社会主义，第二个阶段是比较发达的社会主义。后一阶段可能比前一阶段需要更长的时间。"毛泽东同志认为，这种"不发达"的阶段性特征，绝不是静止不变的，而是不断变化发展的，"一切事物总是有'边'的。事物的发展是一个阶段接着一个阶段不断地进行的，每一个阶段也是有'边'的。不承认'边'，就是否认质变或部分质变"。社会发展阶段"质变或部分质变"的过程，一方面是"量变中有部分的质变，不能说量变的时候没有质变；质变是通过量变完成的，不能说质变中没有量变"；另一方面是"在一个长过程中，在进入最后的质变以前，一定经过不断的量变和许多的部分质变"。

改革开放新时期，中国社会主义在总体上还是处在"不发达"的状态中。1987年，邓小平同志提出："社会主义本身是共产主义的初级阶段，而我们中国又处在社会主义的初级阶段，就是不发达的阶段。一切都要从这个实际出发，根据这个实际来制订规划。"1992年，邓小平同志指出："我们

"人类文明新形态"的理论意蕴和思想智慧

> **学术圆桌**
>
> 搞社会主义才几十年，还处在初级阶段。巩固和发展社会主义制度，还需要一个很长的历史阶段，需要我们几代人、十几代人，甚至几十代人坚持不懈地努力奋斗，决不能掉以轻心。"邓小平同志站在"初级阶段"的现实基础上，对巩固和发展社会主义制度还有"一个很长的历史阶段"作出瞻望，体现了邓小平同志对"初级阶段"的长期性及其变化发展的必然性的观点。
>
> 社会主义初级阶段作为中国的基本国情，成为新时期立论的基础和发展的立足点；而社会主义初级阶段自身，也在这一过程中不断发展的。经过新中国成立后70多年特别是改革开放以来40多年的不懈奋斗，到"十三五"规划收官之时，我国经济实力、科技实力、综合国力和人民生活水平跃上了新的台阶。截至2022年我国已经成为世界第二大经济体、第一大工业国、第一大货物贸易国、第一大外汇储备国，国内生产总值超过100万亿元，人均国内生产总值超过1万美元，城镇化率超过60%，中等收入群体超过4亿人。习近平总书记指出："特别是全面建成小康社会取得伟大历史成果，解决困扰中华民族几千年的绝对贫困问题取得历史性成就。这在我国社会主义现代化建设进程中具有里程碑意义，为我国进入新发展阶段、朝着第二个百年奋斗目标进军奠定

学术圆桌

了坚实基础。"

中国共产党成功开辟了中国特色社会主义道路,使得中国大踏步赶上时代,实现了社会主义现代化进程中新的历史性跨越,正在奋力续写全面建设社会主义现代化国家新的历史篇章。在制定"十四五"规划和第二个百年奋斗目标时,习近平总书记作出今后30年我们将处在新发展阶段的判断。新发展阶段,是我们所处的社会主义初级阶段中的一个阶段,也是社会主义发展进程中的一个重要阶段,是在经过几十年积累、站到了新的起点上的一个阶段。正如习近平总书记指出的:"社会主义初级阶段不是一个静态、一成不变、停滞不前的阶段,也不是一个自发、被动、不用费多大气力自然而然就可以跨过的阶段,而是一个动态、积极有为、始终洋溢着蓬勃生机活力的过程,是一个阶梯式递进、不断发展进步、日益接近质的飞跃的量的积累和发展变化的过程。全面建设社会主义现代化国家、基本实现社会主义现代化,既是社会主义初级阶段我国发展的要求,也是我国社会主义从初级阶段向更高阶段迈进的要求。"

恩格斯认为,"世界不是既成事物的集合体,而是过程的集合体"。新发展阶段作为"日益接近质的飞跃的量的积累和发展变化的过程",面临着坚持和发展中国特色社会主

学术圆桌

义的艰巨任务：用三个五年规划期的时间，到2035年基本实现社会主义现代化；再用三个五年规划期的时间，到本世纪中叶把我国建成富强民主文明和谐美丽的社会主义现代化强国。新发展阶段所具有的"日益接近质的飞跃的量的积累和发展变化的过程"的特征，成为理解"人类文明新形态"内在规定的基本立场，成为理解"人类文明新形态"发展路向的基本标识。

"人类文明新形态"，与坚持推动构建人类命运共同体过程相连接，体现了它所具有的广泛的世界意义及其蕴含的共同价值观和普遍性特征

"人类文明新形态"不只是基于中国社会发展形态的特殊性的概括，也是对人类社会发展形态的一般性特征的理解。"人类文明新形态"不只是专属于中国的范畴，也是对人类文明发展的一切有价值的思想资源的借鉴和吸收，体现了对人类文明形态探索的中国智慧。习近平总书记指出："'孔子登东山而小鲁，登泰山而小天下'。面对世界大发展大变革大调整的新形势，为更好推进人类文明进步事业，我们必须登高望远，正确认识和把握世界大势和时代潮流。"人类命运共同体，体现了"人类文明新形态"具有的共同价值观的

何为人类文明新形态

> **学术圆桌**

普遍性特征。

人类命运共同体,是"人类文明新形态"对世界范围内文明形态理解的拓展。19世纪40年代中期,马克思主义创立的时候,马克思、恩格斯就提出:"人类社会最终将从各民族的历史走向世界历史。"在纪念马克思诞辰200周年大会上的重要讲话中,习近平总书记把人类命运共同体看作是世界历史理论在当代的赓续。习近平总书记提出:"我们要站在世界历史的高度审视当今世界发展趋势和面临的重大问题,坚持和平发展道路,坚持独立自主的和平外交政策,坚持互利共赢的开放战略,不断拓展同世界各国的合作,积极参与全球治理,在更多领域、更高层面上实现合作共赢、共同发展,不依附别人、更不掠夺别人,同各国人民一道努力构建人类命运共同体,把世界建设得更加美好。"这一重要论述,在最广泛意义上体现了"人类文明新形态"具有的普遍性和一般性的特征,是从"人类文明新形态"上对人类命运共同体基本特征作出的科学阐释。

人类命运共同体的内涵,是"人类文明新形态"的基本特征和普遍意义在世界文明形态发展中的集中体现。人类命运共同体的基本要求在于:"国际社会要从伙伴关系、安全格局、经济发展、文明交流、生态建设等方面作出努力。"与

"人类文明新形态"的理论意蕴和思想智慧

> **学术圆桌**

之相对应的主要内涵在于坚持对话协商,建设一个持久和平的世界;坚持共建共享,建设一个普遍安全的世界;坚持合作共赢,建设一个共同繁荣的世界;坚持交流互鉴,建设一个开放包容的世界;坚持绿色低碳,建设一个清洁美丽的世界。习近平总书记指出:"世界命运应该由各国共同掌握,国际规则应该由各国共同书写,全球事务应该由各国共同治理,发展成果应该由各国共同分享。"人类命运共同体的内涵及其主旨,集中体现了"人类文明新形态"在经济全球化背景下的基本内涵和具体要求。

坚持推动构建人类命运共同体,也是"人类文明新形态"面向世界的根本要求和基本方略。人类命运共同体与"人类文明新形态"相连接,顺应了我国经济深度融入世界经济的趋势,发展更高层次的开放型经济,促进国际经济秩序朝着平等公正、合作共赢的方向发展等要求。"人类文明新形态"依托推动构建人类命运共同体的过程,能在经济全球化深入发展的条件下,更好地统筹国内国际两个大局,利用好国内国际两个市场、两种资源。习近平总书记指出:"中国人民将继续与世界同行、为人类作出更大贡献,坚定不移走和平发展道路,积极发展全球伙伴关系,坚定支持多边主义,积极参与推动全球治理体系变革,构建新型国际关系,推动构建

> **学术圆桌**

人类命运共同体。"为构建人类命运共同体贡献中国智慧和中国方案,是"人类文明新形态"的基本指向和发展方略。

"人类文明新形态"思想,具有深刻的时代意义和历史意义,它集中体现了科学社会主义关于社会文明形态的理论,深刻地蕴含着中华优秀传统文化的滋养,借鉴和吸收了世界文明进步的成就和成果。这一思想是中国共产党在中华民族伟大复兴百年奋斗中,特别是在新时代坚持和发展中国特色社会主义过程中凝结的理论结晶和思想智慧,是 21 世纪马克思主义发展的重要成果。

《中国党政干部论坛》(2021 年第 9 期)

学术圆桌

中国共产党引领人类文明形态的历史进程

邢国忠

在为中国人民谋幸福、为中华民族谋复兴的伟大实践中,中国共产党带领全国人民坚持和发展中国特色社会主义,创造了中国式现代化新道路,从物质文明和精神文明"两手抓",到"三位一体"和"四位一体",再到"五位一体"的形成,逐步发展出涵盖物质文明、政治文明、精神文明、社会文明和生态文明在内的人类文明新形态。

物质文明和精神文明"两手抓",开创社会主义现代化建设新局面

党的十一届三中全会以后,我国在经济方面取得较大发展,人们的物质条件和生活水平快速提高,中国加强了与其他各国的交流往来。同时西方腐朽思想趁机渗入,享乐主义、拜金主义、利己主义等不良社会思潮逐渐传入国内,在社会中产生了不少负面影响。如果任凭这些消极腐化的思想

> 学术圆桌

肆意发展下去,党和国家的建设必然会受到严重影响。为此,邓小平同志指出,"我们要建设的社会主义国家,不但要有高度的物质文明,而且要有高度的精神文明",并多次强调一手抓改革开放,一手抓惩治腐败;一手抓物质文明,一手抓精神文明,做到两手抓、两手都要硬。1982年,党的十二大胜利召开,会议中明确提出"我们在建设高度物质文明的同时,一定要努力建设高度的社会主义精神文明。这是建设社会主义的一个战略方针问题"。自此,精神文明建设放到与物质文明建设同样的战略高度,开创了社会主义现代化建设新局面。

我们党深刻认识到物质文明和精神文明的内在紧密关系。社会要想得以持续发展,就必须不断地解放和发展生产力,尤其是在以实现共同富裕为本质要求和根本奋斗目标的社会主义社会之中。同时,要大力加强精神文明建设,为物质文明的建设提供源源不断的智力支撑和精神动力。物质文明和精神文明"两手抓"为社会主义现代化建设指明了前进方向,开辟了具有中国特色的社会主义现代化新道路和社会主义文明形态。

物质文明和精神文明"两手抓"的战略方针,强调社会物质文明、精神文明的整体性发展。不良社会思潮之所以会

> **学术圆桌**

影响和危害社会中的一些人,根本原因在于这些人还没有树立坚定的理想信念和坚守正确的立场,内心矛盾交织,没有从根本上处理好物质需求和精神需求的内在关系。在社会实践活动中,人与人会形成包括经济关系、政治关系、思想关系等多方面内容的一系列关系。这些关系中,起决定作用的是最基本的经济关系,即人与人之间在物质资料生产过程中结成的生产关系。在社会主义国家中,这种关系是建立在生产资料公有制基础上的,超越了产生于资本主义私有制基础上的生产关系,且以共同富裕为发展的根本目的,就从根本上消除了人与人之间关系的对抗性。

物质文明和精神文明"两手抓"的战略方针,坚持物质文明与精神文明协调发展的基本原则。物质文明建设能为精神文明建设提供经济基础,宣传思想文化领域的建设发展都离不开物质文明的支撑作用。而精神文明建设也能反过来促进物质文明更好地发展,以先进的思想指导和加速物质文明建设。当社会的物质文明与精神文明发展失衡时,就会波及人们自身的精神世界,出现道德的滑坡和信念的缺失,进而会引发一系列的社会问题,加剧社会矛盾。物质文明和精神文明之间是相互依存、相互促进的辩证关系,把握和运用好二者之间的关系,使得人人都能实现丰衣足食,且知荣辱,

> 学术圆桌

守礼节，才能更好地推进社会主义现代化建设。

清醒认识到政治建设对中国特色社会主义事业的重要作用，将政治文明纳入"三位一体"总体布局

党的十二大以来，随着改革开放的深入推进，中国特色社会主义事业快速发展。中国共产党人充分认识到我国处于并将长期处于社会主义初级阶段的基本国情，不断解放生产力和发展生产力，在推动社会主义精神文明建设的同时，加快对我国政治体制的改革，使之与我国经济发展的要求相适应。20世纪80年代末90年代初，苏联解体和东欧剧变，使得美苏冷战的两极世界格局发生根本性变化。一些西方国家借此加大对社会主义国家的攻击和意识形态的渗透，有意限制我国发展，实现所谓的"和平演变"。从国内情况来看，当时部分学生和知识分子受到资产阶级自由化错误思潮的煽动，党和国家建设面临较为复杂严峻的社会形势。为了守护好改革开放带来的丰富成果，保证改革开放继续平稳的推进，党的十三届四中全会以后，以江泽民同志为主要代表的中国共产党人积极应对，审时度势并冷静研判，更加清醒地认识到民主政治建设对中国特色社会主义事业的重要作用。

1997年9月，党的十五大成功召开，我们党在继承和发

学术圆桌

扬邓小平同志提出的物质文明和精神文明"两手抓、两手都要硬"基础之上,进一步按照经济、政治、文化三个领域展开具体规划,提出建设有中国特色社会主义的经济、政治、文化的基本目标和基本政策,构成了党在社会主义初级阶段的基本纲领和"三位一体"总体布局。2002年11月,党的十六大报告提出继续"坚持物质文明和精神文明两手抓",并明确提到要把政治文明作为全面建设小康社会的重要目标之一。建设社会主义政治文明放到和物质文明、精神文明同样的战略高度,在此基础上形成的物质文明、政治文明和精神文明"三位一体"总体布局也得到进一步明确和深化,更加完善了具有中国特色的社会主义现代化道路和社会主义文明形态。

"三位一体"总体布局,突出强调政治文明在社会主义文明形态中的地位和作用。从人类文明发展史来看,人类文明经历了一个曲折的发展过程。在资本主义发展进程中,随着生产力的发展,社会贫富分化不断加深,逐渐形成的是畸形的社会生产关系和民主实现形式。在社会主义基本制度建立之初,我们就从根本上否定了阶级压迫和阶级剥削的制度设计,主张的是社会发展成果惠及全体人民,通过这种充分的发展成果将人从对物的依赖性中逐渐解放出来,从而实现

何为人类文明新形态

> **学术圆桌**

人的全面发展，也就从根本上消除了人与人之间的对抗性。社会主义政治文明本质上是人民民主的政治文明，是一种新型的、为绝大多数人享受的民主的政治文明。

建设社会主义政治文明，最根本就是要坚持党的领导、人民当家作主和依法治国的有机统一。党的领导是建设社会主义政治文明的政治前提和根本保证。作为执政党，中国共产党始终代表最广大人民的根本利益，是中国人民和中华民族的先锋队。人民当家作主是社会主义政治文明的本质要求。社会主义民主政治从制度形态上否定了少数剥削者压迫广大劳动人民的政治制度，也否定了维护少数人特权和强权的政治价值理念，始终坚持公正、平等、民主、自由的价值取向。依法治国是建设社会主义政治文明的基本方略。在建设社会主义政治文明进程中，要想实现人民民主，需要发挥法律的保障作用。坚持依法治国，保障国家各项工作都依法进行，通过不断地制定更细致和完善的法律法规来保障人民应享有的公民权利，使得法律制度真正反映人民真实意愿，实现法律面前人人平等，促进社会主义民主制度化、法律化。中国共产党领导全国人民建设的社会主义政治文明，是完全符合中国国情要求的社会主义民主政治，与物质文明、精神文明共同构成"三位一体"总体布局。

> 学术圆桌

提出构建社会主义和谐社会，"四位一体"总体布局涵盖社会文明

加入世界贸易组织以后，我国经济体制改革和社会转型进一步加快，社会结构、社会组织形式发生了深刻的变化，社会建设管理方面也出现了城乡差距扩大、阶层不断分化、人口问题突出等许多新的问题。尽管当时我国的社会主要矛盾仍是人民日益增长的物质文化需要同落后的社会生产之间的矛盾，但矛盾的具体表现形式出现新的变化。社会生产力的发展使得人民生活水平大大提高，物品供给极度匮乏早已不再成为问题。然而，人们对公共产品和公共服务的多样化需求与我国社会公共产品短缺、公共服务落后的矛盾却逐渐凸显。这一变化，对党和国家社会治理思维和方式提出更高的要求。面临日益突出的社会建设方面需求，以胡锦涛同志为主要代表的中国共产党人，提出了"四位一体"总体布局，完善了中国特色社会主义事业总体布局，持续平稳地推进中国特色社会主义现代化建设。

2004年9月，党的十六届四中全会正式提出"构建社会主义和谐社会"的新论断，强调把和谐社会建设摆到促进社会主义事业发展的重要位置。2006年10月，十六届六中全会对我国当时面临的社会建设形势作出总体分析，会议通过

> **学术圆桌**

了《中共中央关于构建社会主义和谐社会若干重大问题的决定》。2007年10月,十七大报告对"四位一体"总体布局进行更为全面的论述,再次强调构建社会主义和谐社会的重要性,"要按照中国特色社会主义事业总体布局,全面推进经济建设、政治建设、文化建设、社会建设"。这次会议正式把社会建设放到与经济、政治和文化建设同等重要的战略高度,发展了在"四位一体"总体布局之下的中国特色社会主义文明形态。

"四位一体"总体布局坚持构建和谐的社会关系,在建设社会主义和谐社会的实践中发展文明形态。在马克思主义看来,社会生活现象的基础不是人的某种理念或精神,而是人们在实践过程中形成的不以人的主观意志为转移的社会客观关系。在"四位一体"总体布局指引下,社会建设成为正确处理人民内部各阶层之间利益关系的重要内容。加快推进以改善民生为重点的社会建设,改变经济与社会发展不协调的状况,加大教育、就业、医疗等工作力度,全面改善人民生活,使全体人民各尽其能又各得其所。

构建社会主义和谐社会不仅从"小社会"入手,重点解决人民群众最关心、最直接的利益问题,发展社会事业、完善社会管理、建设和谐文化等;而且着眼于"大社会",把和

> **学术圆桌**

谐社会建设落实到包括经济建设、政治建设、文化建设、社会建设和党的建设等在内的党和国家全部工作之中，以推动社会建设与经济建设、政治建设、文化建设协调发展。在"四位一体"总体布局之下，构建社会主义和谐社会为中国特色社会主义事业发展打下坚实的基础。社会建设通过不断地激发社会活力，促进社会公平和正义，维护社会安定团结，为经济建设、政治建设、文化建设提供良好的社会环境，进而共同促进社会主义文明形态的新发展。

将生态文明建设纳入"五位一体"总体布局，推动物质文明、政治文明、精神文明、社会文明、生态文明协调发展

伴随着我国经济建设的快速发展，资源大量浪费、环境污染严重、自然灾害加剧等问题，也成为阻碍我国进一步向前发展的制约因素。从国际上看，环境保护已经成为全球的热议话题。随着我国国际地位和综合国力的提升，中国势必在生态环境保护与环境治理方面承担更多的国际社会发展责任。在这种背景之下，中国共产党人沉着思考，积极探索，适时提出将生态文明建设纳入中国特色社会主义现代化建设进程之中。

党的十八大以来，以习近平同志为核心的党中央以前所

何为人类文明新形态

> **学术圆桌**

未有的力度抓生态文明建设,全党全国推动绿色发展的自觉性和主动性显著增强,美丽中国建设迈出重大步伐,我国生态环境保护发生历史性、转折性、全局性变化。2012年11月,十八大报告详尽阐述了关于生态文明建设的具体举措,将建设社会主义市场经济、社会主义民主政治、社会主义先进文化、社会主义和谐社会和社会主义生态文明作为中国特色社会主义道路的重要内容,明确提出"五位一体"总体布局。2017年10月,十九大报告进一步明确中国特色社会主义事业总体布局是"五位一体",并提出与"五位一体"总体布局相适应的"创新、协调、绿色、开放、共享"新发展理念。在庆祝中国共产党成立100周年大会上,习近平总书记强调:"我们坚持和发展中国特色社会主义,推动物质文明、政治文明、精神文明、社会文明、生态文明协调发展,创造了中国式现代化新道路,创造了人类文明新形态。"在中国特色社会主义的伟大实践中,我们党团结带领中国人民取得了历史性的成就,创造了"五位一体"的中国式现代化新道路和人类文明新形态。

从人与自身、人与人的关系来看,"五位一体"总体布局始终坚持人民在社会主义文明形态中的中心地位。唯物史观认为,人民才是历史的主体和创造者。生态文明建设纳入

> **学术圆桌**

"五位一体"总体布局,意在保障当代人民的幸福生活的同时,更要为我们的子孙后代提供良好的生存和发展环境。随着生态文明建设实践的深入发展,不断满足人民对于美好生活环境的需求,尊重和保障人民的利益,拓宽发展成果由人民共享的渠道,也进一步彰显以人民为中心的发展理念。

从人与社会的关系来看,"五位一体"总体布局力求构建科学的、全面的社会主义文明形态。在"五位一体"总体布局中,经济建设能为社会的发展提供物质保障,政治建设能起到政治保证作用,文化建设能够提供方向性的引导并成为一种精神动力和智力支撑,社会建设为人与社会的发展提供必需的公共服务,生态文明建设则可以持续地为人与社会的发展提供绿色可持续发展环境。这五个方面相互依存,相互促进。

从人与自然的关系来看,"五位一体"总体布局追求人与自然和谐共生的社会主义生态文明。生产力可以用来充当文明形态之间的区分标准,即文明形态的区分"不在于生产什么,而在于怎样生产,用什么劳动资料生产"。习近平总书记强调:"我们要建设的现代化是人与自然和谐共生的现代化。"地球的资源是有限的,而人类社会的发展却是无限的。面对这一发展矛盾,当代中国遵循马克思主义生态观,及时

何为人类文明新形态

> **学术圆桌**

转变经济增长方式，走出一条保护环境、节约资源、绿色低碳的发展道路，将建设良好的社会主义生态文明作为中国始终坚持的战略目标。

从人与世界的关系来看，"五位一体"总体布局旨在社会主义文明形态发展进程中兼顾"人民幸福"和"人类解放"。在经济全球化日益深入发展的今天，中国坚持以全球视野共谋生态文明建设之路，呼吁各国建立全球生态合作共同治理的新秩序，推动构建人类命运共同体，在国际社会上充分展示出负责任的大国形象。"五位一体"的中国式现代化新道路不仅成为当代中国可持续发展的必由之路，也为整个人类社会向着更高人类文明形态的演进贡献了中国智慧和中国方案。

马克思主义认为，人类"全部社会生活在本质上是实践的"，在现实生活中，人们不断地去探索社会前进的道路与方法。在中国共产党的领导下，中国在各个领域都取得了巨大成就，实现了较快发展，也形成了具有中国特色、成熟稳定的实践方法和现代化道路。同时，"历史不过是追求着自己目的的人的活动而已"，中国的现代化道路也并不代表一种永恒固定的万能范本。在世界面临百年未有之大变局的背景和影响之下，中国面临的内外矛盾也在不断变化，还需要

> **学术圆桌**
>
> 以发展的眼光来进一步坚持和完善中国式现代化新道路，在中国特色社会主义实践中巩固发展人类文明新形态，并持续深刻地去引领人类世界的未来走向。
>
> 《人民论坛》（2021年第12月上期）

学术圆桌

社会主义基本价值追求对人类文明的推动

杨永志

社会主义基本价值追求，是指从集体主义认知出发，具有基础性、广泛性、本质性特点，关于共同生产、成果共享、团结友爱、和谐生活，以及包含公有、互助、合作、共富、普惠、包容、公平等主张的社会主义价值选择。

社会主义价值追求分为不同种类和层次，通常包括社会主义一般价值追求、社会主义基本价值追求、社会主义核心价值追求、社会主义最高价值追求。社会主义一般价值追求是指那些关于社会主义各种具体问题的价值判断和选择，这类价值追求特点是大量存在，关注点经常发生变化；社会主义基本价值追求能够规定自身内涵和外延、本质和特征，具有共识性的价值选择，如"禁欲""平均"等只是个别社会主义者的主张，不是社会主义普遍的价值共识，所以不在基本价值追求范畴，体现着人类价值追求的特殊性；社会主义核心价值追求是指在特定价值体系中代表人类文明共同追求

社会主义基本价值追求对人类文明的推动

学术圆桌

的价值选择，体现人类价值追求的普遍性；社会主义最高价值追求是指社会主义终极价值目标和选择，马克思、恩格斯认为"人的自由而全面发展"是社会主义和共产主义的最高价值追求。社会主义的一般价值追求、核心价值追求及最高价值追求，都是由基本价值追求决定和派生出来的。社会主义基本价值追求能够规定社会主义本质属性并体现价值追求的特殊性，如公有制、按劳分配、共同富裕等，是"社会主义之所以为社会主义"的决定性因素。

社会主义基本价值追求肇始于空想社会主义，莫尔、康帕内拉、圣西门、傅立叶等一大批空想社会主义者，通过文学作品或理论著作或"思想实验"，以各种"理想设计"形式凝聚成社会主义基本价值追求。马克思、恩格斯关于唯物史观和剩余价值学说的伟大发现和系统阐述，为科学社会主义理论大厦奠定两大基石，1848年《共产党宣言》发表，标志着科学社会主义的诞生，社会主义价值开始深入人心，从此改变了人类历史的整体状态和发展进程，具有里程碑的意义。在社会主义基本价值追求基础上，逐步出现社会主义系统性理论、社会主义运动、社会主义制度、社会主义道路、社会主义事业以及社会主义文明等。

从历史的视角看，社会主义基本价值追求对人类文明发

何为人类文明新形态

> 学术圆桌

展和形态演进业已产生并继续产生着积极、重大、深远的影响。

社会主义基本价值追求催生出社会主义文明

人类文明是一个相对的概念,最初是由18世纪法国思想家相对"野蛮状态"提出的。文明与不文明是价值判断上好与坏的一对范畴,关于文明的定义和阶段划分有多种观点。至于人类文明阶段如何划分,人们通常既有从生产方式性质划分的,包括农耕文明、工业文明、信息文明等,有从社会关系种类划分的,包括封建时代、资本主义时代、社会主义时代等。就一般意义而言,当代人类文明的共性体现为"政治稳定、社会进步、民生改善",而当代人类文明的个性取决于"各国文化和社会制度的差异"。

社会主义文明是社会主义的物质文明、政治文明、精神文明、社会文明、生态文明等相统一的系统性结构和现实状态,其横空出世根本在于社会主义基本价值追求。

社会主义基本价值追求具有极大的"历史进步性",作为决定社会主义道路、理论、制度和文化的基础,其历史进步性非常明显:一方面,社会主义基本价值追求坚决反对以私有制为基础的剥削、压迫、奴役、凌弱、排他等各种非人

社会主义基本价值追求对人类文明的推动

学术圆桌

道的社会现象，主张人类没有高低贵贱之分、人人应相互帮助和团结友爱、共同进行劳动并公平分享生产成果、人们的各项政治权利一律平等。这就使得社会主义基本价值追求站在人类"道义"的制高点上，彰显人类文明要求。另一方面，按照马克思历史唯物主义的观点，人类社会由低级阶段向高级阶段发展，社会主义、共产主义代表人类历史发展方向，所以从符合历史发展客观规律这一点上看，社会主义基本价值追求具有社会先进性，其文明程度必然超越以往各个阶段。在历史上，社会主义基本价值追求，最初是以批判资本主义各种不合理现象"起家"，批判本身意味着"除旧布新"，意味着用先进和文明代替落后和不文明。

社会主义基本价值追求的现实存在，闪耀着"人类文明之光"。虽然"资产阶级在它的不到一百年的阶级统治中所创造的生产力，比过去一切世代创造的全部生产力还要多，还要大"，但资本主义制度具有"历史局限性"。以老牌资本主义国家英国为例，尽管从十八世纪六十年代开始率先启动工业化的进程，使农业文明转向工业文明，但在推动社会发展的同时，资本自身的制约性和有限性日益凸现出来，文明颓势越来越明显。再以法国为例，1789年巴黎人民攻占巴士底狱，标志着法国资产阶级大革命爆发，开启这块欧洲大陆

学术圆桌

文明发展的新征程,但法国在进入当代资本主义阶段后,也呈现文明衰落态势。人类发展留给这些资本主义国家的,正如英国著名历史学家汤因比所言:"从文明衰落所造成的痛苦中学得的知识可能是进步的最有效的工具。"今天,相对于资本主义而言,社会主义的"制度优势"已经愈加明显,由社会主义基本价值追求所形成的道路、理论、制度、文化等不断闪耀着人类文明进步的光芒。

社会主义基本价值追求,丰富姹紫嫣红的人类文明"百花园"。文明作为人类在认识自然和改造社会长期过程中形成的智慧结晶,是人类进步的状态和过程。首先,社会主义基本价值追求直接隶属于一种精神文明或文化,精神或文化是决定人类文明存在和变化的内在属性,推动人类文明向更新形态和更高阶段发展。恩格斯说过:"文化上的每一个进步,都是迈向自由的一步。"其次,社会主义基本价值追求增加人类思维和行为的多样性。习近平总书记指出:"没有多样性,就没有人类文明。多样性是客观现实,将长期存在。"社会主义基本价值追求作为思想多样性的一种体现,丰富了姹紫嫣红的人类文明"百花园"。再次,社会主义基本价值追求有利于文明交流和文明互鉴,有利于为人类文明发展进步注入动力,在社会主义基本价值追求基础上,形成的社会

学术圆桌

主义理论和实践是文明前行"春天的脚步",更是人类进步事业"黎明的曙光"。

当然,至今有人不认同社会主义基本价值追求对人类文明有重大影响:有的把社会主义讽喻为"乌托邦",即不切实际的主观幻想;也有的将社会主义道路视为历史发展的"死胡同",是自掘坟墓的"奴役之路";还有的认为由社会主义基本价值追求演变而成的社会主义制度是对自由、民主、人权的扼杀,在21世纪之前就必然会"历史终结"等。然而,所有这些观点,不管论证有多么严密、逻辑似乎多么合理、分析显得多么理性、依据看似多么充分,但事实才是最权威最可靠最无情的"裁判",中国特色社会主义的成功,不仅没有证明社会主义基本价值追求阻碍和带偏人类文明发展,相反给人类文明存在和发展带来空前巨大影响。

社会主义基本价值追求影响人类文明历史进程

中国有句老话叫:"天不生仲尼,万古如长夜"。同样,作为社会主义基本价值追求及其形成的系统性的社会主义思想和广泛性的社会主义实践,犹如照亮黑暗世界的一盏明灯,为人类文明指引前行的正确道路。

高扬集体主义的思想旗帜。如果追溯不同理论源头,我

学术圆桌

们可以找到个人主义或自由主义与集体主义的两大源头。一切以私有制为基础的社会制度及其理论，一般都奉行个人主义或自由主义的思想旗帜，而社会主义基本价值追求秉持着集体主义精神，将集体主义作为根本的思想基础。个人主义一般表现为个人自由、各自为战、个体奋斗、突出个性等"私我"和"自由"理念。而集体主义通常主张从大局出发，个人利益服从整体利益，个人自由从属集体自由。从个人主义盛行到集体主义开始登上历史舞台，不仅增加了文明的多样性，最根本的在于挑战了自资产阶级产生以来就沿袭的私有制为基础的社会制度，探索了由"个体文明"向"集体文明"发展的新路径，从思想文化方面助推并加快了人类文明前进的脚步。

　　明确社会主义的核心价值观。历史上新兴资产阶级同封建主义进行过两次较大的思想斗争：一次是始于14世纪以人文主义为中心内容的文艺复兴运动，宣扬人类理性、个性解放，反对宗教神性、禁欲束缚、等级桎梏；另一次是17世纪—18世纪以自然法学说与社会契约论为思想基础的启蒙运动，使自由、民主、平等、人权、博爱等思想逐步成为资本主义核心价值观。资本主义核心价值观有反对封建专制主义和宗教神学的思想武器作用，具有历史进步意义，是人类政治文

学术圆桌

明发展的重要思想成果，同时作为资产阶级政治统治和思想控制的工具，也包含抽象人性论、价值绝对化和阶级欺骗性等特点。马克思、恩格斯没有关于社会主义核心价值观的明确概括，随着社会主义实践的深入尤其是中国特色社会主义的发展，社会主义核心价值观被概括出来，尽管在自由、民主、平等等方面用词与资本主义相同，但概念内涵差别极大，尤其在真实性、实践性、群众性等方面有天壤之别。社会主义核心价值观在我国的明确，不仅对社会主义意识形态发挥引领作用，确保中华文明发展的方向，而且对于人类文明发展起到理解、认同、引导等作用，从人的精神生活方面助推并加快人类文明前进的脚步。

激发人类自由的创造性思维。社会主义基本价值追求形成以后，尤其是社会主义制度建立以来，资本主义同社会主义的竞争从未停止过。尽管如此，资本主义在同社会主义竞争中，也在不断地进行生产关系的自我调整，使资本主义制度获得生命延续，由传统资本主义迈向现代资本主义，推动其文明的进步。时至今日，社会主义与资本主义的竞争还在激烈进行，这种竞争将长期存在。而任何关于社会主义与资本主义的对与错、好与坏都有助于人们回顾与展望、总结与比较、批判与反思，具有激发人类创造性思维的作用，从思

学术圆桌

维方式方面助推并加快人类文明前进的脚步。

推动社会生产力的发展。社会主义本质理论，揭示了社会主义的根本任务是解放生产力和发展生产力。社会主义之所以能够推动社会生产力的发展，根本在于社会主义生产关系在理论上更能适应生产力的发展要求，通过不断深化改革科学地运用政府与市场"两只手"，发挥社会主义制度集中力量办大事的显著优势。以中国实践来说，中国特色社会主义极大地推动了社会生产力的发展，使中国由一个贫穷落后国家一跃成为世界第二大经济体，不仅依靠自身力量消除绝对贫困问题，实现全面建成小康社会，而且连续多年对世界经济增长贡献率高达30%左右，商品进出口贸易额在世界上排位一直靠前。坚持中国共产党的领导，紧紧依靠人民群众的积极性和聪明才智，中国通过不断深化改革和加大开放力度等，推动生产力发展并对世界生产力发展作出重要贡献。

促进社会治理的现代化。社会主义国家的社会治理不可能离开社会主义基本价值追求，离开就会偏离方向甚至误入歧途。中国的社会治理以最广大人民的根本利益为出发点，致力于实现好、维护好、发展好最广大人民群众的根本利益，而不是少数人的利益；中国的社会治理着眼于经济、政治、文化、社会、生态文明等各个领域，坚持把发展、稳定、协

> **学术圆桌**

调、可持续等作为重要治理目标；中国的社会治理还将现代化作为有效路径，将国家治理体系和治理能力现代化作为重要的治理任务，在制度化、科学化、规范化、程序化等方面进行探索，让制度优势更好转化为国家治理效能。中国从改革开放之初提出的物质文明和精神文明"两手抓、两手都要硬"，到相继提出"三位一体""四位一体""五位一体"，在推进国家治理体系和治理能力现代化的同时积极参与全球治理，助推并加快人类文明前进的脚步。

社会主义基本价值追求发挥对人类文明新形态的价值引领作用

人类文明新形态，实质上是对中国特色社会主义的整体性、创造性和进步性的表达。社会主义基本价值追求，不仅催生社会主义文明，而且发挥对人类文明新形态的价值引领作用。

第一，指引中国特色社会主义坚持科学社会主义的文明属性。在中国特色社会主义与科学社会主义的关系上，习近平总书记指出："我们党始终强调，中国特色社会主义，既坚持了科学社会主义基本原则，又根据时代条件赋予其鲜明的中国特色。这就是说，中国特色社会主义是社会主义，不是别的

学术圆桌

什么主义。"

中国特色社会主义所坚持的科学社会主义原则，是在社会主义基本价值追求基础上形成的。进一步说科学社会主义基本原则是根据社会主义基本价值追求确定的，体现社会主义的自由、平等、公正、法治等核心价值观。正是因为坚持社会主义基本价值追求，以及社会主义核心价值观和社会主义基本原则，中国特色社会主义才没有"变质"。

人类文明新形态，是中国共产党团结带领全国各族人民在坚持社会主义基本价值追求前提下，充分吸纳人类一切优秀文明成果基础上的一项崭新创造。既丰富人类对文明发展规律性的认识，又拓宽人类文明迈向现代化的路径选择，还为促进世界文明进步贡献中国智慧和中国方案。

第二，指引中国特色社会主义坚持人类文明发展的正确方向。中国特色社会主义全方位地体现社会主义基本价值追求，社会主义基本价值追求主要在以下方面引领中国特色社会主义文明发展的正确方向。

首先，坚持以人民为中心的文明方向。以人民为中心，是人类文明的"道义制高点"。科学社会主义最初立足为"无产阶级""广大劳动人民""绝大多数人"利益而奋斗，全心全意为人民服务成为社会主义基本价值追求之一。中国特色

社会主义基本价值追求对人类文明的推动

> **学术圆桌**

社会主义，在社会主义基本价值追求这一理念引领下，将对象具体化和当代化为"民生""以人为本""以人民为中心"等新理念。但无论概念如何变化，以人民为中心的基本价值追求始终没有变，马克思主义鲜明的阶级立场和革命性没有变，关心人类根本利益和共同利益的原则没有变。人类文明新形态，依据中国经济社会发展的实际以及社会主要矛盾的变化，着眼于物质、文化、民主、法治、公平、正义、安全、环境等主要方面，不断拓展"需要"的内容，提升"满足"的程度，增加人民"满意"的质量，努力实现富裕"平衡"的水平，其最终目的是为了促进人的全面发展和人类共同发展，它超越资本主义文明服务于少数人利益的狭隘性，充分体现人类文明的价值关怀。中国共产党始终代表最广大人民根本利益，与人民休戚与共、生死相依，没有任何自己特殊的利益，从来不代表任何利益集团、任何权势团体、任何特权阶层的利益。一百多年来，我们党始终坚持为中国人民谋幸福、为中华民族谋复兴的初心使命，始终坚持依靠人民创造历史伟业，领导中国人民成功铸就推动中华文明发展进步的宏图伟业。

其次，坚持走中国式现代化文明发展道路。中国式现代化道路，是当代中国走向文明发展的必由之路。事实证明，

何为人类文明新形态

> **学术圆桌**

中国式的现代化道路,不仅适合中国历史文化和发展实际,而且彻底改变中国社会、中国人民的面貌,带领中国各族人民走这条道路的中国共产党,交上了一份令世界瞩目、人民满意的答卷。中国式现代化道路,从根本上巩固和发展了社会主义制度。回顾历史我们感慨颇深,1991年8月24日,戈尔巴乔夫宣布辞去苏共中央总书记的职务,并要求苏共自行解散。同年12月25日,戈尔巴乔夫被迫辞去苏联总统职务,苏联国旗从克里姆林宫降下,苏维埃社会主义共和国联盟不复存在。一个强大的社会主义国家为什么失败?江泽民同志曾指出,东欧剧变、苏联解体,最重要的教训是:放弃了社会主义道路,放弃了无产阶级专政,放弃了共产党的领导地位,放弃了马克思列宁主义,结果使得已经相当严重的经济、政治、社会和民族矛盾进一步激化,最终酿成了制度剧变、国家解体的历史悲剧。从苏联社会主义失败与中国特色社会主义成功两方面的分析看,选择什么样的现代化道路至关重要。与制度巩固和发展具有同样意义的是:中国式现代化新道路作为中国共产党和中国人民集体智慧和共同实践的结晶,作为人类文明新形态的一个重要体现,为世界广大发展中国家的文明发展,提供了可资借鉴的全新选择。

其次,坚持从构建人类命运共同体的新文明观出发。在

社会主义基本价值追求对人类文明的推动

> **学术圆桌**

社会主义基本价值追求引领下，中国关于构建人类命运共同体、构建以合作共赢为核心的新型国际关系，以及"一带一路"建设与合作等方面，都是立足于全人类共同发展的大局，体现了社会主义的人类情怀。可以说，人类命运共同体理念的提出，为人类文明发展提供了中国的聪明才智和可供选择的中国方案，它重新塑造了人类合作文明的崭新范式、重新定义了人类交往的思维存在、重新寻求了世界文明赓续的正确路径。英国剑桥大学教授马丁·雅克评价说："中国提供了一种'新的可能'，开辟了一条合作共赢、共建共享的文明发展新道路。这是前无古人的伟大创举，也是改变世界的伟大创造。"。

第三，引领中国特色社会主义实现对人类文明进步的历史性超越。中国特色社会主义在思想和实践中从来都沿着社会主义基本价值追求指引的道路前行，同时在社会主义基本价值追求引领下，中国特色社会主义实现对传统文明观的超越，以国际关系和国际政治理念为例：其一，超越"文明冲突"的价值取向，摒弃落后和错误的"普世价值论"，确立"和平、发展、公平、正义、民主、自由，是全人类的共同价值"，秉持文明交流、文明互鉴等新理念，为人类文明共识找到新的支撑点；其二，超越"中心依附论"和"霸权稳定论"的

> **学术圆桌**

价值取向，摒弃保护主义、单边主义、霸权主义等落后理念，确立多极化和多边主义的共商共建共享等新治理观，为人类文明发展创造思想条件；其三，超越"资本逻辑"的价值取向，摒弃落后的零和博弈、强者为王、单打独斗等思维，确立开放包容、同舟共济、合作共赢等新的国家交往观，为人类文明发展提供新思路；其四，超越"强权政治"逻辑的价值取向，摒弃与时代进步相悖的"某国优先""从实力地位出发"，以个别国家法替代国际法搞"长臂管辖"等错误观念和行为，深化对"国家不分大小一律平等"的认识，为人类政治文明发展奠定基础。由此可见，正是在社会主义基本价值追求引领下产生的种种超越，中国特色社会主义形成的文明才称其为人类文明新形态。

《人民论坛》（2021年第12月上期）

学术圆桌

世界社会主义的探索历程与人类文明的前进方向

刘晨光

中国特色社会主义进入新时代，不但在中华人民共和国发展史、中华民族发展史上具有重大意义，而且在世界社会主义发展史、人类文明发展史上具有重大意义。党的二十大报告指出："科学社会主义在二十一世纪的中国焕发出新的蓬勃生机，中国式现代化为人类实现现代化提供了新的选择，中国共产党和中国人民为解决人类面临的共同问题提供更多更好的中国智慧、中国方案、中国力量，为人类和平与发展崇高事业作出新的更大的贡献！"中国共产党领导中国人民成功走出中国式现代化道路，创造了人类文明新形态，拓展了发展中国家走向现代化的途径。从人类文明发展史的视角重新审视世界社会主义的探索历程，深入发掘其内在的基本逻辑，进而辨明人类文明的前进方向，有助于进一步增强以中国式现代化全面推进中华民族伟大复兴、构建人类文明新形态的高度历史自觉与历史自信。

何为人类文明新形态

> 学术圆桌

世界社会主义的探索历程

在东欧剧变、苏联解体之前，人们看待世界社会主义主要是在国际共产主义运动的视野中。这固然跟"三个国际"，即第一国际、第二国际、第三国际的历史渊源有关，不过在思想层面，也反映了19世纪欧洲的遗产："社会主义"与"共产主义"的区分并不严格，"世界政治"主要是以民族国家为主体的"国际（国家间）政治"。而在现实层面，无疑也反映了20世纪苏联作为国际共产主义运动中心的巨大影响。以苏联为首的社会主义阵营的瓦解和"冷战"的结束，使"世界社会主义"这一概念获得更为广泛的使用。不过由于世界社会主义遭遇重大挫折，一时陷入低潮，资本主义加速在全球扩张，人们也很难在理论上产生对世界社会主义的新认识。

我国学界比较早使用"世界社会主义"概念。毛泽东同志提出的三个世界划分理论，打开了重新认识世界政治的新视野。最迟到20世纪80年代中期，随着中国社会主义改革的推进，我国学界已编写出关于"当代世界社会主义"新认识的教材，依次论述共产党执政国家、发达资本主义国家、发展中国家的社会主义发展状况，拓展了人们对于"社会主义"的认知。苏联解体后，作为世界上硕果仅存的少数几个社会主义国家中最大的一个，中国的命运与世界社会主义的

世界社会主义的探索历程与人类文明的前进方向

> **学术圆桌**

命运日益紧密地联系在一起。如果中国没有继续坚守住社会主义的改革方向,而是如一些西方政客和学者希望的那样重蹈苏联覆辙,那么世界社会主义不知要在黑暗中摸索多久才可能重新兴起。正是中国特色社会主义的成功开创与不断完善和发展,使世界社会主义更快地从低潮走向振兴,中国则随着自身综合国力的壮大和国际影响力的提升而日益成为推动世界社会主义发展的最主要力量。

2013年1月,习近平总书记在新进中央委员会的委员、候补委员学习贯彻党的十八大精神研讨班上的讲话中,分六个时间段对社会主义五百年的历史进行了系统回顾和梳理,展现了中国特色社会主义的历史渊源和发展进程。这不仅为我们更加充分地认识中国特色社会主义的历史必然性和科学真理性提供广阔、深邃的世界历史视野,而且为我们重新审视和深刻把握世界社会主义的探索历程提供新的理论视角。总体而言,我们对于世界社会主义探索历程的认识在以往的世界视角之外强化了中国视角,同时并重"从世界看中国"和"从中国看世界",彰显了新时代中国更加自觉的主体性能动性。具体而言,我们对于世界社会主义探索历程的新认识至少体现在以下四个方面。

第一,社会主义是"不断改变现存状况的现实运动"。

学术圆桌

世界社会主义经历从空想到科学、从理论到实践、从一国到多国、从单一模式到多样探索、从陷入低谷到谋求振兴的发展历程。其中，社会主义从空想到科学的飞跃历时最久。空想社会主义的最大问题在于从抽象的理性出发来论述社会的改造，难逃形而上学的窠臼，而科学社会主义之所以堪称"科学"，正在于它是在深刻分析资本主义社会现实并揭示其内在运行规律的基础上建立起真理大厦。更为根本的是，科学社会主义的产生并非终结真理，而是开启通过现实社会主义运动来接近真理的历史进程。社会主义的实践探索亦不可能一蹴而就，在坚信"两个必然"的同时不要忘了"两个决不会"，社会主义和共产主义在全世界的最终建成注定是一个非常漫长的过程。

第二，社会主义实践面临的主要问题是如何跨越"卡夫丁峡谷"。社会主义革命并没有在少数生产力发达的资本主义国家同时爆发，巴黎公社运动虽然建立起世界上第一个无产阶级政权，但仅仅存在两个多月即被扼杀。世界上第一个社会主义国家苏联的成立，以及社会主义制度在新中国这一世界上人口最多的国家的确立，均显示在经济文化较为落后的国家率先建立和发展社会主义的现实可能性。马克思晚年曾提出跨越"卡夫丁峡谷"问题，即像俄国这样的落后国家

学术圆桌

可以"不通过资本主义制度的卡夫丁峡谷",即不遭受资本主义制度造成的苦难而吸取资本主义的成就,直接进入社会主义社会。现实社会主义的探索历程,证明了这一天才论断。列宁晚年对如何建设社会主义的新思考,毛泽东同志在1956年提出的马克思主义基本原理同中国具体实际的"第二次结合",邓小平同志对社会主义本质的再认识,均指向如何从本国具体实际出发来建设社会主义,特别是如何通过社会主义制度的自我完善和发展来解放和发展社会生产力,并不断朝着共同富裕迈进。

第三,社会主义建设的目标是实现现代化。社会主义建设的最高理想和最终目标是实现共产主义,社会主义建设的切近目标是实现现代化。相比于率先走上现代化进程的发达资本主义国家,现实中的社会主义国家均是较为落后国家,本来就有后发国家追赶先发国家的紧迫感,加上彰显社会主义制度优越性的内在需要,现代化被摆在十分重要的议程。而工业化一直是现代化的核心内容,观诸资本主义国家,往往是由率先通过科技革命和工业革命而实现工业化的国家来引领现代化潮流。苏联社会主义建设时期取得的成就,也突出地表现在其在短时间内发展起来的重工业。需要强调的是,现代化是人类社会从传统走向现代的普遍历史进程,根本旨

学术圆桌

趣在于通过理性化控制来实现效能最大化。从资本主义走向社会主义的普遍历史进程与现代化的普遍历史进程很大程度上是同步的,故而现代化本身也有从资本主义现代化向社会主义现代化的发展。在世界现代化进程中,随着资本主义社会的内在矛盾越来越突出和激化,资本主义现代性的弊端越来越严重和明显,社会主义的现代化探索也在社会主义国家建立后从被动走向主动。可以说,在社会主义国家建立之前,世界社会主义运动主要是对资本主义现代化及其现代性后果的被动反应,而在社会主义国家建立之后,人类开启了对于社会主义现代化及其积极效应的主动追求。

第四,社会主义发展并无固定模式。在世界社会主义的探索历程中,从一国向多国的发展显示的是社会主义的成功和社会主义阵营的壮大,以及由此带来的社会主义与资本主义的力量对比有利于世界社会主义发展的显著变化。然而,苏联模式本身就是战时极端特殊条件下的产物,随着时间推移而日益僵化,其弊端开始凸显。其根本问题在于错误地认为苏联已经建成发达社会主义,甚至要转入共产主义,因此没能从苏联所处的实际发展阶段和现实情况出发来不断完善和发展苏联社会主义制度。同时,苏联共产党长期奉行大党大国主义,把苏共经验和苏联模式神圣化,忽视社会主义国

世界社会主义的探索历程与人类文明的前进方向

> **学术圆桌**

家各国的具体情况,压缩了各国从自身实际出发探索社会主义发展道路的空间。实际上,即便是西方发达资本主义国家,其发展模式并不一致,从资本主义走向社会主义的发展路径,以及社会主义国家的建设路径也一定是多样化的。各国推行的社会主义改革,使得世界社会主义从单一模式向多样探索的发展成为可能。中国特色社会主义的成功,更是使科学社会主义在二十一世纪的中国焕发出强大生机活力,并以中国式现代化道路为广大发展中国家提供全新选择。

世界社会主义发展的基本逻辑

在重新审视世界社会主义的探索历程之后,我们要进一步从中发掘世界社会主义发展的基本逻辑。很大程度上,这正是要发掘"世界历史"演进的历史逻辑。马克思所说的"世界历史",就是人类历史从世界资本主义向世界社会主义过渡的整个历史过程。它本身是个历史概念,只有当人类历史发展到近代资本主义阶段,并且资本主义的全球扩张把人类历史变成统一的"全球史"的时候才有出现的可能,即"各个相互影响的活动范围在整个发展进程中越是扩大,各民族的原始封闭状态由于日益完善的生产方式、交往以及因交往而自然形成的不同民族之间的分工消灭得越是彻底,历史也

> **学术圆桌**

就越是成为世界历史"。世界资本主义体系构"世界历史"发生的前提,世界社会主义体系则是"世界历史"发展的方向。社会主义的最终胜利是一个世界历史性的总体过程,这一过程将是世界社会主义体系对于世界资本主义体系的总体替代。观诸过往,在世界社会主义的探索历程中贯穿的基本逻辑主要包括以下三个方面。

一是主义的逻辑。这主要是指马克思主义所发现的社会发展规律,尤其是资本主义社会必然会被社会主义社会所取代这一历史必然性。来自苏联教科书的传统划分是把人类社会分为五个阶段,不过更加深刻、更具启发性的是马克思在《1857—1858年经济学手稿》中提出的人类历史三大社会形态理论。概而言之,即人类社会形态的发展演进过程,是从以"人的依赖"为基础的前资本主义社会,到以"物的依赖"为基础的资本主义社会,再到以"人的自由"为基础的后资本主义社会。马克思指出:"建立在个人全面发展和他们共同的社会生产能力成为他们的社会财富这一基础的自由个性,是第三个阶段。"这一未来社会形态,即"自由人联合体"。但问题在于,这一社会发展规律是就宏观总体方向而言,历史的具体发展演进过程从来不是简单的线性均衡式的,而是复杂的非线性非均衡式的,往往充满曲折与艰辛。因此,我

> **学术圆桌**

们看到,首先是在经济文化落后国家而非先发资本主义国家建立社会主义,而且是在一国而非同时在多国建立社会主义。我们也看到,以苏联和中国为代表,各个社会主义国家在革命和建设过程中所走的道路、所采用的方式,也是大为不同的。各国必须把马克思主义基本原理与本国具体实际相结合,从自己的实际情况出发来走自己的路。

二是权力的逻辑。一种社会形态取代另一种社会形态,往往会经历无比激烈而复杂的斗争。在社会主义社会之前的所有社会形态都是阶级社会,统治阶级为了巩固自己的权力地位、维护自己的既得利益,总是会竭尽全力压制受剥削、受压迫阶级的反抗。在资本主义社会,阶级矛盾发展到极为尖锐的境地,除了出卖自己的劳动之外,一无所有的无产阶级在推翻资产阶级统治的斗争中失去的只是锁链,获得的却是全世界。资产阶级为了能够可持续地榨取剩余价值、维持统治地位,也在不断地改善生产方式和统治手段。历史的吊诡在于,西方资本主义国家通过对外侵略与扩张,把广大殖民地半殖民地纳入全球资本主义体系,从而使内部阶级矛盾通过外部转嫁而获得一定的缓和。而20世纪世界社会主义的发展,尤其是从一国向多国的扩展,乃是源于作为殖民地半殖民地的亚非拉国家的民族解放运动。作为民族国家的西

> 学术圆桌

方资本主义列强所推行的"民族帝国主义",乃是与资本主义全球化相伴随的,在把亚非拉广大殖民地半殖民地落后国家与地区变为原料产地和商品销售市场的同时,也激发起后者对其进行反抗的民族主义热情,以及通过社会主义方式来实现赶超型现代化的政治意志。权力的逻辑还普遍存在于西方资本主义列强彼此之间的帝国争霸中,而资本主义国家发展不平衡导致的20世纪两次世界大战,也正为世界社会主义的发展提供了空间、条件与契机。"冷战"时期两种意识形态和社会制度的对抗,背后同样贯穿着地缘政治与权力争夺的逻辑,实质是美苏争霸。社会主义阵营中苏联对权力支配的追求,以及对"社会帝国主义"的推行,破坏了社会主义国家之间本该有的平等伙伴关系。而在"冷战"结束后,既有的国际政治经济秩序背后的权力利益关系,不仅影响着社会主义国家的发展道路,而且影响着社会主义国家之间的关系。资本主义国家的政党政治格局与基本权力架构,始终制约着其左翼政党力量和社会主义因素的发展。

三是文明的逻辑。现代资本主义不仅是一种社会形态,而且是一种文明形态。与之前其他社会形态所具有的文明意蕴不同,现代资本主义乃是一种具有极强普遍主义扩张冲动的文明,甚至被等同于"现代文明"或"文明"本身。在西

学术圆桌

方资本主义列强的殖民主义、帝国主义对外扩张中，现代资本主义文明也辐射到各个民族、国家和地区，商品、炮舰携着《圣经》、"科学""民主"以及西医、西餐、西装一起进入，甚至那些最偏僻、最边缘的民族和文明都要被重新塑造。人类文明曾经以各种具体特殊的形态散布在地球上各个适合人类生存和活动的区域，因此"文明"天然是复数，英国历史学家汤因比在《历史研究》中曾归纳出26个文明样本。然而，现代资本主义文明试图使"文明"变为单数，并且在其对外扩张中，西方殖民者建构出"文明等级论"，认为其他文明都是次等的、劣质的甚或野蛮的，最终的归宿都应是被这一单数的，也就是唯一真正的文明所同化。现代资本主义文明的"齐一化"冲动，本身先已被资本主义国家的文明多样性事实所消解。新教文明与天主教文明、日耳曼文明与拉丁文明之间的久远区分仍然有所表现，只不过在现代资本主义文明的"大同"面前，这些区分越来越成为"小异"。

同样，世界社会主义的发展也展现文明的"一"与"多"的辩证统一关系。一方面，现代社会主义文明是从现代资本主义文明的母体中分娩出的更先进文明，是对现代资本主义文明的否定之否定。现代社会主义文明对资本主义现代性的彻底扬弃是个漫长历史过程，但至少打破了现代资本主义文

> **学术圆桌**

明对"现代文明"乃至"文明"的垄断,为人类文明的未来发展指出了根本方向。另一方面,世界社会主义在各个民族和国家的发展中呈现出不同的文明形态。欧洲的"民主社会主义"主张乃至马克思主义的"自由人联合体"理念本身,均离不开崇尚"自由"的西方文明传统。亚非拉民族解放运动中涌现出的"民族社会主义",如阿拉伯社会主义、伊斯兰社会主义等,单从名字就可见其有特殊的文明底蕴。"科学社会主义"在苏联、中国、古巴等国家表现出不同的形式,也与其处在不同的文明情境有关。苏联社会主义毕竟是从俄国东正教的文明土壤中生长出来的,而没有中华文明,就没有中国特色社会主义。其命运不同,成败得失不同,与各自的文明传承有一定关系。

在世界社会主义的发展中,以上三种逻辑交叠在一起共同发挥作用。从马克思主义、科学社会主义的视野来看,"世界历史"是从世界资本主义走向世界社会主义的发展史。但历史的发展从来不是教条化的、单线性的。社会主义始终伴随着资本主义,资本主义在发展的同时产生自己的掘墓人,二者在同一时空中运动和较量着。虽然世界历史可能是朝着某个目标,如"人的自由全面发展"前进,但观念先行的历史观容易陷入唯心论,进步主义并非自然而然。不要丧失对

> **学术圆桌**

历史复杂性的意识，也就要看到在主义的逻辑之外，还有权力的逻辑、文明的逻辑。从现代化进程来看，资本主义现代性的弊病所呈现的无所不在的悖论或二律背反，来自资本主义的内在矛盾，其具体机理机制最值得深入分析。而被宏大的"世界历史"视野，覆盖的可能还有民族、国家、文明。世界历史的主体，同时包括阶级与民族。世界历史的发展，乃是一种"复调"结构。现代化的演变，大的方向是从资本主义现代化到社会主义现代化。在这一过程中，各个民族、国家、文明，面对全球资本主义扩张亦即资本主义现代化的普遍主义霸权，去追求本民族、国家、文明与现代化的结合，追求一种"反（资本主义）现代性"的现代性，从而打破一元现代性的统治，形成多元现代性。由此，世界社会主义的发展会成为各个民族、国家和文明从自己的实际出发探索社会主义的新型现代化道路的进程。

人类文明的前进方向

从根本上讲，人类文明的前进方向就是"世界历史"的前进方向，即从世界资本主义向世界社会主义的过渡和发展。2017年9月29日，习近平总书记在十八届中央政治局第四十三次集体学习时指出："尽管我们所处的时代同马克思

何为人类文明新形态

学术圆桌

所处的时代相比发生了巨大而深刻的变化,但从世界社会主义500年的大视野来看,我们依然处在马克思主义所指明的历史时代。"曾经在世界社会主义的探索进程中起作用的基本逻辑,仍会继续发挥作用。全球力量对比格局的变化,尤其是中国式现代化道路的成功与中国综合国力的不断增强,将深刻影响世界社会主义的演进与人类文明的发展。中华民族的伟大复兴,将同时意味着中华文明的伟大复兴。中华文明的伟大复兴不是重新回到过去,而是经过创造性转化和创新性发展,实现马克思主义与中华文明的深度融合,创造出一种人类文明新形态。这一人类文明新形态既是中国的,也是世界的。人类文明的前进方向与未来形态,必将受到中国所呈现的人类文明新形态的深刻影响。具体而言,在可以看见的未来,人类文明的发展将主要体现在三个方面。

第一,世界秩序重构。当前,世界面临的百年未有之大变局正在加速演进,人类处在重大的历史分水岭。就近而言,"冷战"结束后美国试图打造和维持的"单极体系"日渐式微。在苏联解体后,美国作为全世界唯一的超级强权,其主导的新自由主义国际经济秩序,几乎把绝大多数国家和地区都纳入全球资本主义体系中,美国式的"自由市场"和"自由民主"政经体制被认为是人类的唯一选择,"历史终结论"

> 学术圆桌

盛行一时。然而，2001年"9·11"事件打破了这一神话，2008年美国金融危机的爆发，则把极度扩张的金融资本主义长期累积的内在矛盾暴露出来，贫富分化、种族冲突、政治极化、治理无效等一系列结构性矛盾大大削弱了美国体制和价值观的合法性。美国的外交政策更是奉行极端单边主义、贸易保护主义、狭隘民族主义，加速了美国之前主导建立的既有国际体制的失灵。

就远而言，这是近代以来西方资本主义国家主导的世界秩序的失败。正如基辛格所言，"当代世界的形态大致是在欧洲形成的"。直到18世纪初期，中国、印度和伊斯兰教世界，仍是构成世界秩序的重要力量，但在西方发生工业革命、对外殖民扩张后，非西方世界被西方国家主宰命运长达三百年之久。21世纪显示出的基本趋向，是世界权力的重心在向亚洲转移，西方发达资本主义国家占据绝对统治地位的时代将一去不复返，以中国为代表的广大发展中国家将在世界力量对比格局中占据越来越重的分量，产生越来越大的影响。就连西方学者也提出"后美国世界""没有西方的世界""零极世界"等新概念，来描述未来世界秩序。与"西方中心主义"的破灭一起出现的将是世界上更加均衡的力量分布，多元化的政治经济格局特征将更加明显。当然，世界秩序的重

> **学术圆桌**

构,也就是以美国为首的西方国家主导的旧秩序向更加平等、公正、互惠的新秩序的转变,将是一个不会太短的过程,并且充满不确定性,甚至可能伴随一定的失序和混乱。不过世界格局演变的方向不会变,得道多助、失道寡助的历史教训仍会有效。

第二,社会主义重振。社会主义与资本主义两种制度将长期共存,但随着世界格局的变化与世界秩序的重构,社会主义与资本主义两种制度也将会呈现出此消彼长的态势,二者在共存的同时会展开竞争,有时可能还是激烈的斗争。有学者认为:"总的来看,从21世纪初到21世纪中叶是世界社会主义进入谋求复兴和发展的时期,主要特征是'四期叠加':一是世界范围内反对和变革资本主义运动的集中开展期;二是各具特色的社会主义的民族化趋势与加强协调联合的国际化趋势的并存发展期;三是中国特色社会主义成为世界社会主义的旗帜且起引领示范作用的上升期;四是处于新一轮衰退期的世界资本主义与处于新一轮上升期的世界社会主义之间的竞争与博弈更趋激烈期。"21世纪初期资本主义危机的突出表现,乃是资本主义制度的无效与失败及其导致的"西方之乱"。而中国通过全面深化改革不断完善和发展中国特色社会主义制度,"中国之治"彰显了社会主义制度

> 学术圆桌

的优越性。中国已成为世界社会主义的最大阵地和最稳固的根据地，中国特色社会主义已成为世界社会主义的旗帜和中流砥柱。中国只要把自己的事情做好，就会对世界社会主义作出重大贡献，就会促使世界社会主义在21世纪获得更大的振兴。随着以中国为代表的广大发展中国家倡导的新型全球化的发展，走向振兴的21世纪社会主义在彰显其民族性、地域性的同时，也会扩展其国际性、世界性。各国共产党和社会主义力量在更加独立自主地探索本国社会主义发展道路、发展模式的同时也应注意一定的协调与联合，使社会主义真正成为世界历史性的事业。

第三，文明多样共生。以美国为代表的西方资本主义国家主导的不公平不合理的世界旧秩序的式微，意味着现代资本主义文明与西方文明长期占据的霸权地位的衰落，以及非西方的、非资本主义的文明的兴起。一方面，人类文明将呈现出更加明显的多样化形态。习近平总书记强调："各国历史文化和社会制度差异自古就存在，是人类文明的内在属性。没有多样性，就没有人类文明。多样性是客观现实，将长期存在。"无论是资本主义国家还是社会主义国家，实现现代化的发展道路都需要与本民族、本文明的特色相结合，那种有悖于本民族、本文明历史发展底层逻辑的现代化道路往往

何为人类文明新形态

> **学术圆桌**

很难持续。"现代化道路并没有固定模式,适合自己的才是最好的,不能削足适履。每个国家自主探索符合本国国情的现代化道路的努力都应该受到尊重。"另一方面,各个民族、国家和文明将朝着中国主张的构建人类命运共同体的方向前进。"各国历史、文化、制度、发展水平不尽相同,但各国人民都追求和平、发展、公平、正义、民主、自由的全人类共同价值。"当然,不同民族、国家和文明对全人类共同价值的内涵的认识、对价值实现路径的探索都可能有所不同,需要把全人类共同价值具体地、现实地体现到实现本国人民利益的实践中去,但这并不影响它们对共同价值的追求。人类文明走向多样共生的更根本原因在于,"人类是一个整体,地球是一个家园。面对共同挑战,任何人任何国家都无法独善其身,人类只有和衷共济、和合共生这一条出路"。西方资本主义文明信奉的是弱肉强食、"零和博弈"的丛林法则,由其主导的世界秩序已无法应对人类在21世纪面临的共同挑战,更无法解决人类面临的贫富差距、发展鸿沟、治理危机、战争风险等重大现实问题。21世纪的人类文明需要从"拼盘""散装"走向"联接""融合",从排他性、独占式的"本国优先""唯我独尊"走向普惠包容、合作共赢的命运共同体,从"分争型文明"走向"共生型文明"。

世界社会主义的探索历程与人类文明的前进方向

学术圆桌

在人类走向世界秩序重构、社会主义重振、文明多样共生的过程中，中华民族和中华文明的伟大复兴将起到十分重要的正向促进作用。中国是世界上最大的发展中国家，也是世界上最大的社会主义国家，还是世界上唯一持续发展、从未断绝的文明古国。中华文明从其开端起源处看就是和合共生的产物，并始终表现出和合共生的鲜明特质，故而可大可久。近代以来为了应对西方帝国主义入侵导致的"数千年未有之大变局"，更是化用马克思主义，融为中华文明的一部分，实现了马克思主义的中国化与中华文明的现代化，生发出一种人类文明新形态。其内在特质、旨趣与人类文明的前进方向是完全一致的，因此其前途命运也与人类文明的未来发展息息相关。在相当程度上可以讲，人类文明未来向何处去，取决于中国共产党带领中国人民创造的这一人类文明新形态的完善和发展。中华民族与中华文明一定会为世界发展和人类进步作出自己应有的新的更大贡献。

《人民论坛》（2023年第1月上期）